改訂版

大学入学共通テスト

国語［現代文］予想問題集

河合塾講師
小池 陽慈

＊この本は，2020年5月に小社より刊行された『大学入学共通テスト　国語［現代文］予想問題集』の改訂版です。

KADOKAWA

はじめに

2021年より始まった「大学入学共通テスト」の対策について、多くの高校生・受験生が不安を抱いているかと思います。もちろんその原因は、この新テストの内容が、これまでの一般的な問題とはやや異なるものであるからでしょう。このような問題に向けて、いったい何をどのように勉強していけばいいのか。

本書は、皆さんのその悩みに〈ズバリ!〉お答えする内容になっています。

実は「大学入学共通テスト」の「現代文」は、〈きちんとした対策をすれば、高得点を奪取できる!〉という問題です。たとえそれが、〈複数テクスト〉等の〈めんどうくさい〉形式であれ。

では、〈きちんとした対策〉とは何か?

まずは〈敵を知ること〉が大切です。具体的には、実際に出題された共通テストの問題について、〈ただ解く〉だけではなく、その〈特徴と傾向〉を熟知すること。次に、その〈特徴と傾向〉を踏まえて、〈新傾向問題の読解に必要な方法〉を抽出すること。そしてさらに、それを〈類題〉で実践してみること。

共通テストの問題を詳細に分析し、その分析に基づくオリジナル問題を掲載した本書は、間違いなくそうした〈対策〉の一助となるはずです。なお、本書には、二度に渡って実施された試行調査問題型の類題も、あわせて掲載しています。もちろん、こうした試行調査型の問題が出題される可能性がまだあるためです。

皆さまが、本書での学習を通じ、共通テストに対する不安を一掃することができれば幸いです。

最後に、本書の執筆にあたり大変お世話になったKADOKAWA編集部の皆さま、たくさんの助言をくださった同僚、先輩講師の皆さま、そして何より、多くの示唆をあたえてくれた僕の生徒たちに、心から感謝の意を表したいと思います。

小池　陽慈

改訂版　大学入学共通テスト　国語［現代文］　予想問題集　もくじ

＊この本は、2021年6月時点での情報にもとづいています。

この本の特長と使い方

この本の構成

以下がこの本の構成です。

別　冊

●「問題編」：2021年に実施された大学入学共通テスト第1日程の問題と、同問題および第2日程に出題された問題の傾向や形式をふまえて作成した予想問題2回分、そして2017年と2018年の試行調査の傾向や形式をふまえて作成した予想問題2回分からなります。

本　冊

●「分析編」：2021年に実施された大学入学共通テストの傾向を分析し、「**具体的な勉強法**」にも言及しています。

●「解答・解説編」：解説は、設問の解説だけでなく、共通テストで重視される本文を正確に理解する力の養成にも役立つ「**実践的な説明**」を行っています。

「解答・解説編」の構成

以下が大問ごとの解説に含まれる要素です。

● **本文解説**　本文の構成や論の展開などを明らかにするとともに、読み方なども示しています。必ず読むようにしてください。

● **設問解説**　小問ごとに解説を行っています。本文解説とも連動していますので、まずは必ず本文解説から読み始めてください。本文解説から読むことで、設問解説の理解はより深まります。

この本の使い方

解説は、**正解・不正解にかかわらず読み通しましょう。**読解力・思考力の養成につながります。

分析編

共通テストはセンター試験とココが違う〈現代文〉

出題形式　従来のセンター試験〈現代文〉は、第1問【評論文】・第2問【小説】の、大問2題構成でした。設問はマーク式のみ。共通テストもまたこの形式を踏襲し、第1日程、および第2日程ともに、第1問【評論文】・第2問【小説】となっています。ただし第1日程では、いわゆる〈複数テクスト問題〉として、第1問に小説、第2問に批評文が引用されています。

出題分量　小問数に関しては、第1日程、および第2日程ともに、センター試験とほぼ同じ設問数となりました。ただし、第1問の漢字問題が、従来のセンター試験では5択でしたが、共通テストでは4択に減っています。また、第1日程の第1問問5は3つの枝問が用意されており、新しい傾向と言えます。

難易度　第1日程については、第1問、第2問ともに、〈複数テクスト〉が絡まない一般的な問題については、これまでのセンター試験の難度とあまり変化はなかったと言えるでしょう。ただし、〈複数テクスト問題〉については、少々面倒な問い方も見られました。第2日程については、対話文が出題されましたが、とりたてて難化したというわけではありません。

共通テスト・第1日程の大問別講評

＊併せて、別冊に掲載されている問題も参照してください。

第1問 やや難

文章は評論文で、ジャンルは文化論でした。「妖怪」イメージの変遷についてフーコーの理論を用いて分析する、という内容で、フーコーの説く「アルケオロジー」や「エピステーメー」という用語が、考察のための重要な道具として用いられています。また、「記号」や「表象」という概念もキーワードとして使われており、ここらへんの抽象的な語句に馴染みのない受験生は、苦戦を強いられたかもしれません。ただし、それらの語句についても、文中にきちんと解説があります。その点をていねいに読み取ることができれば、対応することはできたはずです。

設問に関しては、論の展開を整理しながら読み、本文根拠をきちんと拾っていけば答えの出せる、素直な作りの問題が大半でした。「Nさん」の【ノート】が用意された問5、とりわけ本文と小説とのひもづけが要求される(iii)については、面食らった受験生もいたようです。しかしながら、選択肢の構成（前半＝小説の内容／後半＝本文の内容）に気づくことができれば、単なる内容合致として解くことができたはずです。

第2問 やや難

文章は小説で、1918年に発表された作品でした。よって当然、古臭い言葉や言い回しなどが多く、読みにくいと感じた受験生も多かったのではないかと思います。ただし、明治期・大正期、あるいは昭和中期くらいまでの古めの小説については、センター試験でもしばしば出題されていました。意表を突くような突拍子もない出題とは言えません。きちんと対策をしていれば、しっかりと対応はできたのではないでしょうか。

　設問については、センター試験でも第2問で問われた語句の問題が、やはり共通テストでも問1として出題されました。問2～問5までは、登場人物の心情やその理由などを問う、小説問題におけるきわめてオーソドックスな出題となっています。〈登場人物の心情を、その理由と絡めて整理しながら読む〉という正攻法の読解を実践した受験生にとっては、さして難しい内容ではなかったはずです。ただし、引用された**【資料】**（＝本文に対する批評文）の読み取りおよびその**【資料】**と本文とのひもづけを問う問6については、(i)の正答がやや恣意的な解釈が入ったものであり、また、(ii)の設問文が日本語として文意の取りにくいものとなっていたことから、答えづらいと感じた受験生は少なくなかったと思われます。

共通テスト・第2日程の大問別講評

＊第2日程の問題については、別冊には掲載しておりません。ご了承ください。

第1問 やや難　文章は評論文で、ジャンルは第1日程と同じく文化論でした。「椅子」「身体」という題材を用い、それらが単なる物質や「自然的肉体」ではなく、社会的な「ステータス」などを表す「政治的な記号」でもあったということを論じる内容です。やや抽象度は高いと言えますが、論の展開は押さえやすく、全体的には難解というほどではありません。

設問に関しては、これも第1日程と同じく、論の展開を把握し本文根拠をきちんと拾っていけば正解が選べる、基礎的な読解力を問う設問が大半でした。問5で「文章の構成と内容」を問う問題が出題されましたが、これも、センター試験の同種の問題と同程度の難度であったと思われます。しかも、漢字以外ではこの設問についてのみ、5択ではなく4択でした。問6は、「教師」の提示したテーマに対し、生徒A～生徒Fが答えていくという、いわゆる対話文の形式をとった出題でした。とはいえ、言い回しが話し言葉になっているというだけであり、基本的には、一般的な内容合致問題として解くことができたはずです。

第2問 標準　文章は小説で、第1日程とは違い、2017年に発表された新しい作品でした。主人公も18歳で、思春期の葛藤や精神的な成長をテーマとするオーソドックスな内容となっています。現代を舞台としていることもあり、難解な言葉や言い回しはほとんど見当たりませんでした。読みやすい文章であったと言えるでしょう。

設問に関しては、やはり問1が語句問題。そして問2～問5までが、主人公の心情について問う問題でした。問4や問5などは選択肢が長めですが、別段難解な書き方となっているわけでもないので、受験生にとっては取り組みやすかったのではないかと思われます。なお、問6については、グループでのAさん～Dさんのディスカッションが対話文形式で載せられ、そこに用意された空欄に内容を挿入するという形式でした。対話文の分量はやや多くはありましたが、問われている内容は、人物像の把握等を求める、一般的な小説問題で頻出するものでした。

共通テストで求められる学力

【出題のねらい】

おもに以下の3つの学力をはかる出題だといえます。

●❶ **読解力**　メインとなる文章について、筆者がどのような手順で考察を進めていくか、その論の展開の仕方を把握する力です。小説の場合は、心情の推移を物語の展開とあわせて理解する力です。

●❷ **常識力**　第1問において要求される、評論常識をストックし、読解に参照する力です。また、第2問において要求される、心情をめぐる常識的な解釈力も含まれます。

●❸ **問題発見能力**　〈複数テクスト問題〉において、引用された【資料】と本文とをどのようにひもづけるか、それを分析する力です。

【問題の解き方】

おもに以下の3つに留意して解く必要があります。

●❶ **本文を正確に読む**　評論文であれば、何より論の展開を整理しながら読むことが大切になります。小説であれば、主人公の心情の推移を追いながら読むことが必須の作業となります。

●❷ **本文根拠をとる**　評論であれ小説であれ、設問の根拠を本文（複数テクストの場合は【資料】も含む）から探すことが重要になります。

●❸ **対応関係に注意する**　複数のテクストが出題された場合、本文と【資料】との関係を把握することが大切になります。テーマの共有や対比、あるいは関連性などを分析しながら読みましょう。

共通テスト対策の具体的な学習法

● **新聞や新書等を活用し、根本的な読解力を高める**

確かに共通テストの現代文は、これまでの現代文とはやや異なる形式の出題にはなっています。しかしながら「本文の正確な読み取り」が要求されるという、この科目の要の部分が変わるわけではありません。日々の読書を通じ、「読解力」を高めていくことが、何より大切になります。

● **図表やグラフを読み取る力を鍛える**

右で述べた通り、もっとも大切な対策は「読書」を通じた「読解力」の養成ということになりますが、その際に選ぶ新聞記事や新書については、なるべく、図表やグラフの多く引用されているものにしましょう。第1回の共通テストではこうした図表などは出題されませんでしたが、今後問われる可能性は消えたわけではありません。

● **語彙力の増強**

言葉の知識を多くもっていると、文中で未知の語句に遭遇する可能性を減らすことができるのみならず、複雑な情報をまとめることも可能となります。日々の読書の中で出会った未知の語句は、必ず辞書で調べ、ノートに整理しておきましょう。

● **数多くのジャンルの文章に触れる**

評論や小説の他に、随筆や詩、短歌・俳句なども読んでおきたいですね。第1回の共通テストでは出題されなかった、法律文等の実用文に関しても、「政治・経済」の教科書などを利用して、読み慣れておく必要があります。今後出題される可能性はゼロではありません。

● **読んだ文章を要約する**

論の展開を把握したり、心情の推移を追ったりする訓練として最良の方法は、ずばり、「要約」あるいは「展開のまとめ」です。日々の読書の内容について、評論文なら論の展開、小説ならあらすじや心情の推移を、それぞれノートにまとめてみましょう。

2021年1月実施

共通テスト・第1日程 解答・解説

100点／40分

→解答：*p*.14
→解説：*p*.15

共通テスト・第1日程　解答

問題番号(配点)	設問	解答番号	正解	配点	問題番号(配点)	設問	解答番号	正解	配点
第1問(50)	1	1	3	2	第2問(50)	1	13	2	3
		2	1	2			14	2	3
		3	2	2			15	1	3
		4	3	2		2	16	3	6
		5	1	2		3	17	1	7
	2	6	1	7		4	18	1	8
	3	7	2	7		5	19	5	8
	4	8	2	7		6	20	4	6
	5	9	4	5			21	4	6
		10	3	3					
		11	4	3					
		12	2	8					

第1問　論理的な文章（および、文学的な文章）

やや難

本文解説

〜歴史的な概念としての妖怪（1〜5段落）〜

1段落では、筆者はまず〈フィクション・娯楽の対象〉としての「妖怪」を話題として挙げ、それがどのような「歴史的背景」から「生まれてきたのか」という問いを立てます。このような問いを立てる以上、すなわち〈フィクション・娯楽の対象〉としての「妖怪」とは、太古の昔から不変のものとして存在し続けてきたわけではなく、いつの時代にか、何かしらの理由をもって現れたものであるということになりますよね。まさに2段落では、そうした意味での「妖怪」が登場するのは「近世」以降のことであり、それ以前の「妖怪」とは性質を異にするものであることが述べられています。

3〜4段落は、「近世」以前の「妖怪」という概念がいかなるものであったかについて説明しています。「近世」以前の「妖怪」とは、「日常的理解を超えた不可思議な現象」に「意味」を与え、日常的な「秩序」を維持するための「文化的装置」でした。例えば、そうですね……突如襲ってきた疫病について、それを疫神（やくしん）のせいだと考えて納得しようとする、などという風習が、まさにそうした考え方の典型であると言えます。そしてそうなると、「妖怪」は「秩序」を維持するために不可欠のものであるため、「切実なリアリティ」を持つことになり、したがって、〈フィクション・娯楽の対象〉などにはなり得ない。逆に言えば、「近世」以降に「妖怪」が〈フィクション・娯楽の対象〉になるためには、

妖怪に対する認識が根本的に変容することが必要なのである（4段落）

ということになるわけです。5段落では、ここ以降、そうした「妖怪」概念の変化、そしてその変化の「背景」について分析していくことを宣言しています。

～フーコーの手法（6～9段落）～

筆者は、5段落までに提示した〈「妖怪」概念の変化とその背景を探る〉というテーマについて、それを考察するうえでフーコーという哲学者の手法を用いることを明言します。フーコーの、「アルケオロジー」という手法を。

「アルケオロジー」という考え方のイメージをつかむためには、まず、「エピステーメー」という概念について、ある程度理解しておく必要があります。筆者はこの概念について、7段落中で、

> 思考や認識を可能にしている知の枠組み
> 事物のあいだになんらかの関係性をうち立てるある一つの枠組み

と説明しています。つまり、僕たちは何かしらの物事を考えたり認識したりしている際に、それを完全に自由にやっているわけではなく、むしろ、自分が属している社会や時代の「知の枠組み」のなかで、それを無意識のうちに参照し、行っている……ということですね。その際に参照している「知の枠組み」が、「エピステーメー」である、と。例えば、同じ疫病であっても、太古の時代のエピステーメーのなかで考えている人間は、それを疫神のせいと認識するでしょうし、逆に現代社会のエピステーメーのなかで考えている人間は、それを病原菌やウイルスのせいだと認識するでしょう。「エピステーメー」とは、そういった概念のことなのですね。

そして今の事例でもわかるように、この「エピステーメー」は、「時代とともに変容する」。そしてその「エピステーメー」の「変容」として「歴史」を捉えていく試みこそが、フーコーの言う「アルケオロジー」であると述べるわけです。つまり筆者は、「アルケオロジー」的な観点、すなわち「エピステーメー」の「変容」という考え方を参照しながら、「妖怪」概念の変化とその背景について分析していくことをここに示したのですね。要するに、〈妖怪概念の変化には、時代Aから時代Bにおけるエピステーメーの移り変わりが影響している。その具体的な内容を明らかにし、整理すること〉こそが、この文章のテーマであるということになります。8～9段落では、そうした分析において、「**物**」「**言葉**」「**記号**」「**人間**」がキーワードとなることが示されています。

～妖怪のアルケオロジー（10～18段落）～

《中世…11段落》

エピステーメー　あらゆる自然物（＝「**物**」）は神霊からの「**言葉**」を伝える「**記号**」であり、「**人間**」ができることは、それを解釈し、神霊に働きかけることだけだった。

➡妖怪＝神霊からの「**言葉**」を伝える「**記号**」

⇔

《近世…12～14段落》

エピステーメー　あらゆる自然物（＝「**物**」）から「**言葉**」や「**記号**」としての性質が捨象され、「**物**」が客観的な「**物**」として認識される。そして「**人間**」は、それらあらゆる「**物**」を自由自在にコントロールし、支配する存在となる。

↓

➡妖怪＝「表象」という人工物
「**記号**」もまた、「**人間**」が作り出すものになる＝表象
↓かつてのリアリティを喪失し、〈フィクション・娯楽の対象〉としての「妖怪」概念が誕生する。

⇔

《近代…15〜17段落》

エピステーメー
「**人間**」を「私」（＝個人）として捉えるようになり、さらにその「私」というものを、「内面」というコントロール不可能な部分を抱えた存在、すなわち不気味であり同時に神秘的でもあるものとしてイメージするようになった。

➡妖怪＝そのような近代的な「私」を象徴するもの

筆者は、以上のように、「アルケオロジー的方法」によって「妖怪観の変容」（18段落）のあり方を整理したわけですね。1〜5段落では、「近世」以前から「近世」にかけての「変容」を分析すると宣言していましたが、結果的にそこにはとどまらず、〈近世→近代〉にかけての「変容」についてまで、一気に解説してしまったということになります。

設問解説

問1【漢字の問題】 1 ③／2 ①／3 ②／4 ③／5 ①

(ア)は「民俗」。〈民間に伝わる習俗〉の意。文脈上、〈言語や文化、宗教などを共有する集団〉という意味の「民族」も正解でないとは言えませんが、以下に示すように、「族」を含む熟語が選択肢にはないので、なんとか判断はできるはずです。①は「所属」、②は「海賊」。③が「良俗」で、これが正解となります。④は「継続」。

(イ)は「喚起」。①が「召喚」となり、これが正解。②は「返還」、③は「栄冠」、④は「交換」。

(ウ)は「援用」。〈他の意見や考えなどを、自説の助けとするために用いること〉の意。①は「沿線」。②が「救援」で、これが正解。③は「順延」、④は「円熟」。

(エ)は「隔(てる)」。①は「威嚇」、②は「拡充」。③が「隔絶」で、これが正解。④は「地殻」。

(オ)は「投影」。①が「(意気)投合」で、これが正解。②は「倒置」、③は「系統」、④は「奮闘」。

問2 【「近世」以前の「妖怪」観を問う問題】 6 ①

傍線部Aを含む一文を読むと、〈A民間伝承としての妖怪＝そうした存在〉という構造を確認することができます。そしてここでの「そうした存在」としての「妖怪」とは、もちろん、傍線部Aを含む段落（3段落）全体で話題となっている、「そもそも」の「妖怪」のあり方、すなわち「近世」以前の「妖怪」のことを言っているわけです。本文解説でもまとめたとおり、「近世」以前の「妖怪」は、〈日常的理解を超えた不可思議な現象に意味を与え、日常的な秩序を維持するための文化的装置〉であったのですから、それを端的にまとめた①が正解となります。

②は、「フィクションの領域においてとらえなおす」が誤り。「妖怪」を「フィクション」として捉えるようになったのは「近世」以降であり、それ以前はむしろ「切実なリアリティ」を持つものとして考えられていました。

③や④は、ともに右での分析とズレてしまっています。①がある以上、正解になる可能性はありません。

⑤については、「妖怪」をめぐって「人間の心」云々が話題となるのは「近代」以降の話なので、不正解。

問3 【本文のキーワード「アルケオロジー」についての理解を問う問題】 7 ②

本文の論の展開において重要な語となるキーワードについては、当然、その正確な理解を求める問題が出題されます。ですから、初読の段階で、キーワードを定義したり説明したりする箇所については、メモをとるなり、線を引くなりしておいたほうがよいですね。「アルケオロジー」もまた、筆者が自説を述べる上でフーコーから借用している論証の軸となる手法である以上、こうして設問で問われることになるわけです。

もちろん、本文解説を参照します。

「アルケオロジー」とは、〈「エピステーメー」の「変容」として「歴史」を捉えていく試み〉のことでしたよね？そして「エピステーメー」は、「思考や認識を可能にしている知の枠組み」のこと。

したがって、「アルケオロジー」をもう少し詳しく説明し直すと、〈思考や認識を可能にしている知の枠組みの変容として歴史を捉えていく試み〉ということになります。この点をきちんと説明することのできている選択肢は、②だけです。

①と④は、「エピステーメー」の説明はできていますが、その「変容」についての指摘が抜けてしまっています。

③は、「『物』『言葉』『記号』『人間』という要素ごとに分類して整理し直す」という内容が誤り。四つの要素についての記述は8～9段落中にありますが、それらは「どのような関係性がうち立てられるか」（8段落）という点から言及されており、「要素ごとに分類して整理し直す」ということは述べられていません。

⑤は、「大きな世界史的変動」という点が不適切。8段落冒頭の一文にあるように、フーコーの唱えた「アルケオロジー」は、あくまで「西欧の『知』の変容」を論じる書物のなかで言及される概念です。筆者もまた、それを日本における「妖怪」概念の変容という、特定の地域の歴史に限定して用いています。「世界史」全般に拡大解釈してはいけません。

問4 【本文のキーワード「表象」についての理解を問う問題】 8 ②

この傍線部C中の「表象」も、「近世」以降の「妖怪」のありようを定義するうえで、とても大切なキーワードでした。本文解説では〈**「記号」**もまた、**「人間」**が作り出すものになる＝表象〉とまとめましたが、まさに「妖怪」もまた、そうした〈人工物としての記号＝表象〉となり、その結果「リアリティを喪失」したことで、「フィクショナルな存在」としての「人間の娯楽の題材」（14段落）へと変化していったわけです。傍線部「妖怪の『表象』化」を説明するうえで、この〈妖怪＝人間が作り出すもの＆フィクショナルな存在であり娯楽の題材〉という内容は、必須の軸となります。

また、傍線部「妖怪の『表象』化」の「化」は〈変化〉を表しますから、「近世」以前の「妖怪」観との対比の中で説明することが望ましい。「近世」以前、「妖怪」は〈神霊からの**「言葉」**を伝える**「記号」**〉と考えられていましたから、想定される解答は、〈近世以前、妖怪は神霊からの「言葉」を伝える「記号」と考えられていたが、近世以降は、人間が作り出すフィクショナルな存在となり娯楽の題材となった〉といった内容、構成であるはずです。この点を最も忠実に再現している、②が正解です。

①は「妖怪」を「人間が人間を戒める」ためのものと定義している点が誤り。「近世」の「妖怪」は、あくまで「娯楽」のためのものです。

③は「人間世界に実在するかのように感じられる」が不適。「近世」の「妖怪」は、あくまで「フィクショナル」なものです。

④は、「妖怪」が「人間の力が世界のあらゆる局面や物に及ぶきっかけになった」という指摘が誤り。そのような因果関係はどこにも述べられていません。また、「近世」以前についての言及や、〈フィクショナルな存在となり娯楽の題材となった〉という内容などに欠ける点で、②よりも圧倒的に劣ります。

⑤は「人間の性質を戯画的に形象」という点が間違い。そのような説明はありませんし、さらに言うなら、「妖怪」が「人間」の象徴となるのは、15段落以降で述べられるように、「近代」に入ってからです。

問5 【本文の論の展開、および本文内容の理解を問う問題】 9 ④／ 10 ③／ 11 ④／ 12 ②

(i)

①と②については、Iが同じ内容となっていますが、これは1段落で発された問い。空欄Iには2〜3段落の見出しを入れなければならないので誤りです。③はIに「娯楽の対象となった妖怪の説明」とありますが、2〜3段落にはそうしたことは書かれていません。④は、まずIが2段落のラストの一文と対応しているので問題はありません。Ⅱについても、5段落冒頭の一文の言い換えになっているので適当。正解は④です。

(ii)

まずは空欄Ⅲから。こちらに用意されている選択肢は、すべて「妖怪」で終わっています。もちろん空欄Ⅲには「近世」についての情報が入りますから、正解となる選択肢は、「近世」の「妖怪」観について正確に説明したものとなります。①は「恐怖を感じさせる」という点が本文に述べられていません。②は「中世」の「妖怪」についての説明になってしまっています。③は、「近世」の「妖怪」について説明する14段落中にある、「視覚的形象」「キャラクター」といった記述を軸に組み立てられているので、これが正解です。④は、「人を化かす」という点が無根拠です。

次に空欄Ⅳですね。こちらは、用意されている選択肢がすべて「人間」で終わっています。そして空欄Ⅳは「近代」について解説する箇所に設けられていますから、ここには、〈近代の人間〉について説明するものとして適当な内容が挿入されるとわかります。①「合理的」、②「自立した」は、「『内面』というコントロール不可能な部分を抱えた存在」という「近代」の「人間」とは正反対の性質となります。逆にその点に言及できている、④が正解。③は「近世」の「人間」観なので、間違いですね。

(iii)

すべての選択肢が、「歯車」の内容説明から始まっています。そして最後の一文で、「これは……ことの例にあたる」という形で、「歯車」に対する解釈を述べていますよね。「歯車」の内容説明に関しては【ノート3】に引用された「歯車」の本文から、そしてその解釈については、本文や【ノート3】の地の文（引用箇所以外）から根拠をとり、各選択肢の正誤を確認していきましょう。

①は、「『私』が他人の認識のなかで生かされている」という箇所が、そして④は、「『私』が『私』という分身にコントロールされてしまう」という内容が、それぞれ本文にも【ノート3】にも書かれていない内容です。

③は、「会いたいと思っていた人」という箇所が、「歯車」には書かれていない内容です。また、⑤は、「他人にうわさされることに困惑していた」が誤り。「歯車」中には、確かに「当惑した」とありますが、その原因は「突然K君の夫人に『先達(せんだって)はつい御挨拶もしませんで』と言われ」たことであり、「他人にうわさされること」ではありません。

残った選択肢は②となりますが、こちらは「歯車」の説明についても【ノート3】に引用された内容からすべて根拠はとれますし、また、「『私』が自分自身を統御できない不安定な存在である」という箇所も、本文の16～17段落を踏まえた内容となっています。もちろん、これが正解となります。

第2問　文学的な文章（および、論理的な文章）

本文解説

～「W君」と羽織（リード文～28行目）～

「私」は、病で休職した同僚の「W君」に、職場で集めた見舞金を届けるなどします。すると病気から回復し、職場に復帰した「W君」は、世話になったお礼にと上質な絹織物である羽二重（はぶたえ）を「私」に贈ると言ってくる。「私」はその申し出を受けます。そして仕上がった羽二重を、「私」は羽織にしてもらいます。

この羽織は、貧乏な「私」には、それを持つのが分不相応に思えるほどに上等なものでした。「W君」からもらったという事情を知らない「私」の妻はそのことを不思議に思いますが、「私」は本当のことを伝えることができません。結婚の折に拵（こしら）えたものと信じている妻に話を合わせ、適当にごまかしてしまいます。

なお、この場面において注意しておきたい記述が一つあります。それは、「私はこの羽織を着る毎（ごと）にW君のことを思い出さずに居なかった」（27～28行目）という一文なのですが、表題の「羽織と時計」のうちの「羽織」について、それを着るたびに「W君のことを思い出さずに居なかった」と、「私」の心の内が述べられています。表題にもなるぐらいですから、「羽織」がこの小説のなかで重要な題材であることは間違いない。そうした「羽織」についての「私」の思いである以上、ここは相当に重要な記述であると考えられます。ただし、そこに込められた心情について、この場面ではそれを具体的に教えてくれるわけではありません。ということは、今後の展開のなかで、「羽織」と「W君」とをめぐる「私」の思いの詳細が明らかにされていく可能性が高い。ですから、それを追うために読むということが、ここから先の読解において大切になってくると判断できるのですね。

～「W君」と時計（29～44行目）～

その後、「私」は転職することになります。「W君」は職場の仲間からお金を集め、「私」に懐中時計を贈ってくれます。ところが、この「W君」の気遣いに対し、社内には、不満を口にする者もいました。それは、〈「W君」がかつて病気の際「私」に世話になったので、その個人的な思いから、職場を巻き込んでこのようなことを考えた〉、〈「W君」は、自分が職場を離れる際に同じようにしてもらいたいからこのようなことを考えた〉という「邪推」に基づく不満であり、そうしたことを耳にした「私」は、「非常に不快」に感じ、そして「W君」を「気の毒」に思いました。「私」は「W君」の人情に、深く感謝していたのです。

けれども同時に、「私」は、「W君」の恩義に対してもう一つ別の思いも抱いていました。

それは、「羽織と時計」という「高価なもの」を「W君」から贈られたという意識から生じる、「やましいような気恥しいような、訳のわからぬ一種の重苦しい感情」でした。

つまり、「羽織と時計」について「私」が抱く思いとは、〈「W君」の恩義に対する深い感謝〉、〈高価なものを贈られたという意識から生じる重苦しい感情〉の二点であり、前の場面の最後に整理した「『羽織』と『W君』とをめぐる『私』の思いの詳細」とは、まさにここにつながるものであったのです。

～「W君」を訪ねることが躊躇されてしまう「私」（46～80行目）～

転職後、「私」は「W君」とは疎遠になってしまいます。「W君」が病気の再発のために退職したということすら、昔の職場の人間とたまたま会った際に知ったほどでした。「W君」はパン屋を始めましたが、寝たきりで店は従妹に任せているといいます。「私」は見舞いもかねて様子をうかがいに行こうと思いながらも、様々な理由から、会いに行くことができません。時が経つほどに、無沙汰をしていることに自責の念を感じ、さらに足が遠のいてしまいます。

けれども、「私」が「W君」に会いに行くのをためらう最も大きな理由は、他にありました。それはまさに、「羽織と時計」ゆえだったのです。

この二つが、W君と私とを遠ざけたようなものであった。これがなかったなら、私はもっと素直な自由な気持になって、時々W君を訪れることが出来たであろうと、今になって思われる。何故(なぜ)というに、私はこの二個の物品を持って居るので、常にW君から恩恵的債務を負うて居るように感ぜられたからである。

（53〜55行目）

ここに言及される「恩恵的債務を負うて居るように感ぜられた」という心情が、前の場面の最後に整理した〈高価なものを贈られたという意識から生じる重苦しい感情〉のことを言っているのはわかりますよね。こうした思いからなかなかに「W君」を訪問できない「私」でしたが、その躊躇の原因は、さらに「W君」の妻への恐れを中心に述べられていくことになります。かつてあれだけ「私」の面倒を見た夫に対して、ここまで無沙汰をするとはなんと冷淡なのか!……「私」は、「W君」の妻がそう自分を責めていると思い込んでしまい、ますます「W君」を訪れることができなくなっていくのです。

しだいに「私」は、偶然の成り行きで「W君」を訪ねられるようになることを願うようになります。そしてたまたまを装うかたちで「W君」に会えるよう計画を練るのですが、結果として、それも失敗に終わってしまいます。結局、今に至るまで、「私」は「W君」と再会を果たすことができずにいるのでした。

設問解説

問1【語句の意味を答える問題】 13 ② ／ 14 ② ／ 15 ①

旧センター試験でも小説で出題された語句の問題ですが、共通テストでも問われました。文脈からの解釈が必要なこともありますが、原則的には〈辞書義〉で答える知識問題であるという点も同じです。

(ア)「術もなかった」は、「術」が〈手段、方法〉を意味する語であることを知っていれば、②「手立てもなかった」を選べます。(イ)「言いはぐれて」は、〈はぐれる〉の補助動詞としての意味を知っているかどうかがカギとなります。〈はぐれる〉は、動詞の下に接続すると、〈○○する機会を失う〉という意味を表します。②「言う機会を逃して」が正解であるとわかります。(ウ)「足が遠くなった」は、〈足が遠のく〉という慣用表現のバリエーションと考えられます。〈以前はよく行ったところに行かなくなる〉の意。①「訪れることがなくなった」が正解です。

問2 【傍線部について、人物の心情を問う問題】 16 ③

傍線部A「擽(くす)ぐられるような思(おもい)」について、ここに込められた「気持ち」を読み取る問題です。まず、これは問題を解くときに限った話ではないですが、人物の心情を捉える際には、できるだけ、その心情の原因とあわせて整理しておきたい。〈原因→心情〉という流れですね。なぜなら、原因とのからみで整理することで、人物の心情は、より具体的かつ正確に理解することができるからです。

では、傍線部A「擽ぐられるような思」は、いったいどのような原因から生じた心情なのか。

本文解説で確認したように、「私」は「W君」から上等な羽織をもらうのですが、「私」が「貧乏人」であったことから、妻は「私」がそのように上等な羽織を持っていることを不思議に思います。けれども「私」は、妻に事の経緯を言うことができず、「よくそれでも羽織だけ飛び離れていいものをお拵えになりましたわね」という妻の言葉に、「そりゃ礼服だからな」などと話を合わせて「誤魔化(ごまか)して」しまいます(17~23行目)。傍線部A「擽ぐられるような思」は、〈妻に本当のことを言えず、ごまかしている〉ということを原因として感じられた心情というわけですね。しかもそれを「擽ぐられるよう」と表現しているわけですから、そこは〈そわそわするような気持ち〉などと具体化することができるはず。〈妻に本当のことを言えずにごまかしているので、そわそわするような気持ち〉などという内容が、正解に必須の要素となります。

①は、「笑い出したいような」という箇所が、〈そわそわするような気持ち〉とずれます。

②も、「不安になっている」が、〈そわそわするような気持ち〉とずれます。

③は、「本当のことを告げていない後ろめたさ」と「落ち着かない」を説明しているとは言い難い。

の言い換えとなっています。冒頭の「妻に羽織をほめられたうれしさ」という箇所が、右に分析した必須条件に関しては本文から直接的に根拠は取れませんが、妻に「ほんとにいい羽織ですこと」と褒められているのは事実なので、常識的に考えれば、嬉しく感じている可能性もあります。積極的に消すことはできないので、残りの選択肢との比較検討が重要になってきますね。そして、④も⑤も、右でまとめた必須の条件をまったく満たしてはいません。したがって③が正解となります。

問3 【傍線部について、人物の心情を問う問題】 17 ①

傍線部B「何だかやましいような気恥しいような、訳のわからぬ一種の重苦しい感情」について説明する問題ですから、これもまた、登場人物の心情の読み取りが求められていることになります。もちろん、その原因から考えてみましょう。

まず、傍線部の着地点「重苦しい感情」の根本的な原因は、直前の行に書いてあるように、〈「羽織と時計」という「私の身についたものの中で最も高価なもの」が、「二つともW君から贈られたものだ」と「意識」してしまう〉ことであると整理できます。自分には分不相応な高級品を二つとも「W君」から贈られたことによって「重苦しい感情」となったわけですから、ここでの「重苦しい」とは、まさに〈そこまでしてもらうと、かえって重たい〉といった心情であることがわかります。以上の分析を踏まえた、①が正解です。

②は、「時計にも実はさしたる必要を感じていなかった」が誤り。32行目に、「私は時計を持って居なかったので、自分から望んで懐中時計を買って貰った」とあります。

③は「W君が羽織を贈ってくれたことに味をしめ」という箇所が、④は「W君の厚意にも自分へ向けられた哀れみを感じ取っている」という箇所が、そして⑤は「同時にその厚意には見返りを期待する底意をも察知している」という箇所が、それぞれ本文からは読み取ることのできない解釈となってしまっています。

問4 【傍線部について、その理由を考える問題】 18 ①

傍線部Cを踏まえ、「私」が「W君」の「妻君(さいくん)の眼」を気にしている理由について分析することが求められています。これもまた、心情の理由を問うという形で、心情をめぐる問題となっているわけですね。

46行目以降の内容を整理しましょう。

「私」は転職しますが、その後「W君」も、病気の再発のためにその会社をやめてしまいます。自分は寝たきりで、従妹に任せる形でパン屋を始めましたが、「やっと生活して居る」という状況です。「私」は、「見舞」もかねて「訪(おとな)わねばならぬ」と思いながら、結局は「無沙汰」をしてしまいます。そして、そうした状況を原因として、「私」は「W君」の「妻君の眼」を気にするようになる。その詳細については本文解説でも整理したように、あれほど「W君」の世話になりながら「無沙汰」を決め込む「私」のことを、「W君」の「妻君」は冷淡であると責めている、「私」にはそのように思われてしまうのでしたね。こうした内容をしっかりと説明できている選択肢は、①ということになります。

②は、「慣れないパン菓子屋を始めるほど家計が苦しくなった」とありますが、「家計が苦しくなった」から「パン菓子屋を始め」たなどという因果関係は、本文のどこにも書いてありません。また、「転職後にさほど家

計も潤わずW君を経済的に助けられないことを考えると」という内容も、無根拠です。

③は、「妻君に偽善的な態度を指摘されるのではないか」という点が決定的に誤り。「私」が恐れたのは、「妻君」に冷たい人間であると思われることであったはずです。

④は、「自分を友人として信頼し苦しい状況にあって頼りにもしているだろうW君」という箇所が、本文からはいっさい読み取れない内容です。

⑤は、「W君」の「妻君」に責められるという恐れについて、まったく言及できていません。

問5 【人物の行動について、その意図を問う問題】 19 ⑤

傍線部Dに述べられる、〈自分の「妻」に、「態と」「W君」の店で「パンを買わせた」という「私」の行動〉について、その説明が求められています。この行動の意味するところは、いったいどのようなことなのでしょうか。傍線部を含む場面について、本文解説では、

> しだいに「私」は、偶然の成り行きで「W君」を訪ねられるようになることを願うようになります。そしてたまたまを装うかたちで「W君」に会えるよう計画を練るのですが（後略）

と整理しました。まさに、〈たまたまを装うかたちで「W君」に会えるよう〉に練った〈計画〉を、傍線部では実行しているわけですね。こうした点について言及できている選択肢は、⑤ということになります。なお、「これまで事情を誤魔化してきたために、今更妻に本当のことを打ち明けることもできず」という箇所は、羽織が「W君」からもらったものだということを言えずじまいにいたことを受けた内容であると判断しましょう。そして、他の選択肢はすべて、右に分析した内容と完全にずれてしまっています。⑤が存在する以上、絶対に答えとは

なりません。

問6 【複数のテクストを参照し、その対応関係を分析する問題】 20 ④／21 ④

(i)

【資料】の二重傍線部は、〈「羽織と時計」にばかりこだわってしまった結果、この作品は駄作となってしまった〉ということを言っています。評者は【資料】の中で、「様々な方面から多角的に描破」することの意義を説いています（1〜2行目）から、逆に「羽織と時計」にばかりこだわったこの作品を、評価することができないのですね。この、〈描く対象を限定してしまっている点がよくない〉ということに言及できている選択肢は③と④ということになりますが、③は「W君」を「美化している」という指摘が完全に見当外れ。④が正解ということになります。

(ii)

複雑な問い方をする設問です。まず、本文二箇所にある「羽織と時計——」の「繰り返しに注目」せよという指示に従って、本文の該当箇所に戻ってみたいと思います。

羽織と時計——。私の身についたものの中で最も高価なものが、二つともW君から贈られたものだ。この意識が、今でも私の心に、感謝の念と共に、何だかやましいような気恥しいような、訳のわからぬ一種の重苦しい感情を起させるのである。

羽織と時計——併し本当を言えば、この二つが、W君と私とを遠ざけたようなものであった。これがなか

ったなら、私はもっと素直な自由な気持になって、時々W君を訪れることが出来たであろうと、今になって思われる。

この二箇所は、要するに、〈「羽織と時計」という高価なものをもらったことを重たく感じてしまう〉ということを言っているわけですよね。設問があえてここに着目させている以上、正解は、何かしらこの内容と関係するものであるはずです。

そして、設問が問うているのは、「評者とは異なる見解」です。

ここを理解するためには、当然、【資料】での「評者」の「見解」を把握しておく必要があります。

まず、(i)で確認したように、「評者」は〈対象を限定せずに、様々な方面から多角的に描け〉という主張を持っています。かつ、【資料】の2段落4~5行目に、

飽くまでも『私』の見たW君の生活、W君の病気、それに伴う陰鬱な、悲惨な境遇を如実に描いたなら、一層感銘の深い作品になったろうと思われる。

とあります。これらの主張を総合すると、【資料】の「評者」は、〈「W君」をめぐる様々な事柄を多角的に描け〉と論じていると整理することができますよね。

ここで、先ほどまとめた、本文の「羽織と時計――」に込められた、〈「羽織と時計」という高価なものをもらったことを重たく感じてしまう〉という内容を接合してみましょう。ここはまさに、「羽織と時計」をめぐる「私」の思いに小説の主題を限定しようとする箇所ですから、「W君」をめぐる多角的な描写を主張する「評者」にとっては、許せないところであるはずです。すなわち、本文の該当箇所を踏まえて「評者」の「見解」をま

とめると、

「羽織と時計」という高価なものをもらったことを重たく感じてしまう、という点に限定することなく、「W君」をめぐる様々な事柄を多角的に描くべきだった

といった内容になるはず。

もちろん、設問は「評者とは異なる見解」を問うているわけですから、この内容を反転させている、④が正解ということになります。

予想問題・第1回 解答・解説

100点／40分

→解答：*p.*36
→解説：*p.*37

予想問題・第１回　解　答

問題番号(配点)	設問	解答番号	正解	配点	問題番号(配点)	設問	解答番号	正解	配点
第１問(50)	1	1	1	2	第２問(50)	1	11	1	3
		2	1	2			12	2	3
		3	4	2			13	3	3
		4	3	2		2	14	3	7
		5	2	2		3	15	2	8
	2	6	2	8		4	16	5	8
	3	7	4	8		5	17	2	8
	4	8	5	8		6	18	3	5
	5	9	5	8			19	1	5
	6	10	1	8					

第1問 論理的な文章（および、文学的な文章） やや難

本文解説

筆者はまず、「日比谷焼き打ち事件」を考察の対象とすることを示しますが、そこで「ポイント」となる「第一」のこととして、

戦争中にたびたび開かれていた戦勝祝捷会が群衆形成の重要な要因となっているということ

を指摘します。もちろんここでいう「戦争」とは日露戦争のことであり、その戦闘での勝利を祝う会が、「群衆」なるものを誕生させる大きな原因となったと述べるわけです。開戦当初は国民もあまり戦争を支持はしていなかったのですが（2段落）、勝利を重ねるにつれ、国民の戦争ムードは盛り上がり、そこで大きな働きを為したのが、戦勝祝捷会でした（3段落）。

～群衆形成としての戦勝祝捷会（1～13段落）～

とくに、東京ではそうした祝捷会や提灯行列が最も盛んに行われ、多くの場合、日比谷公園に集合した後に解散する、という形式をとりました（3～5段落）。そしてついに、多くの死者を出す事態にまで群衆の熱狂はヒートアップしてしまいます（6～8段落）。

熱狂した群衆は、このように、暴力的、かつ無秩序な集団であったわけですから、当然、時の官憲はこれを規制しようと試みます。ところがそれを、新聞各社は批判しました。つまり、新聞社が煽動することにより群衆が形成されるという現象は、日露戦争後の日比谷焼き打ち事件以前から、すでに明確に現れていたというこ

とになります（9～11段落）。

また、官憲が群衆を禁圧しようとするほど、群衆の運動は奔放なものとなりました（12段落）。ここからは、群衆やそれを煽動する新聞社の、反権力的な性格を読み取ることができるでしょう。

こうして、日比谷公園をゴールとする群衆の動きはパターン化されることになりますが、こうした一連の出来事は、日清戦争における戦勝祝捷会等がナショナリズムを醸成したことの延長線上にあるとみなすこともできます（13段落）。

なお「ナショナリズム」とは、〈民族や国民が一致団結して、自分たちの権利や独立を他国に要求したり、あるいは民族や国家の強化を目指したりすること〉を意味する概念です。入試に頻出するテーマですので、それが暴走するととんでもない暴力を発動する、という点とともに、しっかりと記憶しておきましょう。

～群衆形成と新聞の関係（14～16段落）～

14段落冒頭に、「次に重要な論点」とあります。これは、1段落「まず第一に」と対応する表現であり、「日比谷焼き打ち事件」を考察するうえでの、〈戦争祝捷会が群衆を形成していた〉というポイント以外の何かしら「重要な論点」が示されることになります。それが、「新聞と事件との関連」であるわけです。もう少し詳しく言うと、〈群衆の暴動を煽動したのは新聞というメディアであった〉ということですね。1段落からの流れを整理するなら、筆者は、

「日比谷焼き打ち事件」についての考察

・重要ポイント①…戦勝祝捷会が群衆を形成した

・重要ポイント②…群衆を煽動したのは新聞だった

ということを言っていることになります。

〜群衆の形成と護憲運動・普選運動（17〜21段落）〜

17段落冒頭の一文については、途中まで、「こうした新聞の激しい反対運動が日比谷焼き打ち事件を誘発した有力な原因であることは間違いない」と、直前までの話題を反復する内容となっています。ところがその直後から、

それがのちの憲政擁護運動（護憲運動）・普通選挙要求運動（普選運動）につながったことも否定できない。

と、新たな話題が展開されてゆくことになります。すなわち、〈群衆を煽動したのは新聞だった〉という事実が、「護憲運動」や「普選運動」につながっていく、と。

これはいったいどういうことでしょうか。なぜ、〈新聞が群衆を煽動した〉という事実が、「護憲運動」や「普選運動」につながったと言えるのか。

筆者はそこに、「形式」と「内容」という二つの観点から、答えを提示します。

まず、「形式」から言うなら、のちの「護憲運動・普選運動」も、日露戦争をめぐる群衆の動きと同様に、「新聞社もしくは新聞記者」が「中軸」となって展開されたものであったと説明されます。つまりは「護憲運動・普選運動」の形成は、日露戦争をめぐる群衆の形成をモデルとして実践されたということですね（18段落）。

さらに、「内容」における両者の連続性が、19段落以降で説明されます。日露戦争中、『万朝報（よろずちょうほう）』や『日本』などのメディアは、〈国民に兵役の負担を強いるなら、国民の政治に参加する権利も拡張するべきである〉と

いう主張を展開しました。これはまさに、「普選運動に直結する」ような考えと言えます（19～20段落）。21段落の以下の一文は、まさに「形式」と「内容」とにおける、〈「群衆」と「護憲運動・普選運動」との連続性〉をまとめたものとなっています。

こうして新聞に支えられた講和条約反対運動が日比谷焼き打ち事件のような暴力的大衆を登場させ、またのちの護憲運動・普選運動をも準備したのである。

最後に、本文全体の流れを整理しておきます。本文の論の展開や筆者の考察をうまく理解できなかった人は、これを参照しながら、もう一度本文を読み返してみてください。

「日比谷焼き打ち事件」についての考察

・重要ポイント①…戦勝祝捷会が群衆を形成した

・重要ポイント②…群衆を煽動したのは新聞だった

←

～のちの護憲運動や普選運動との連続性～

形式　護憲運動・普選運動も、日露戦争期の群衆と同様に、新聞が中核となって形成された！

＆

内容　日露戦争中にメディアが発した、〈国民に兵役の負担を強いるなら、国民の政治に参加する権利も拡張するべきである〉という主張は、まさに「普選運動」に直結するものであった！

設問解説

問1 【漢字の問題】 1 ①／2 ①／3 ④／4 ③／5 ②

(ア)は「幹部」。①は「新幹線」で、これが正解。②は「甘言」。〈口先だけのうまい言葉〉の意。③は「圧巻」。④は「歓心」。〈喜ぶ気持ち〉の意ですが、〈歓心を買う＝人の気に入るように努める〉などと用います。

(イ)は「混乱」。①は「混交」で、これが正解。②は「根絶」、③は「困惑」、④は「晩婚」。

(ウ)は「服装」。①は「尚早」。〈まだその時ではない。まだ早い〉の意。②は「演奏」、③は「送迎」。④が「装飾」で、これが答え。

(エ)は「醸成」。〈徐々に作り出していく〉の意。①は「譲歩」、②は「上場」。③が「醸造」で、これが正解。④は「冗長」。〈くどくどと長ったらしい〉の意。

(オ)は「起源」。①は「岐路」。②が「起床」で、これが正解。③は「白亜紀」、④は「発揮」。

問2 【引用された資料について、その引用の目的を問う問題】 6 ②

3段落は、大きなまとまりとしては、1～13段落のグループの中に含まれています。そしてこの範囲を一つのグループとしてまとめたのは、この1～13段落までが、1段落に提示された、

まず第一に、戦争中にたびたび開かれていた戦勝祝捷会が群衆形成の重要な要因となっているということを指摘しておきたい。

という観点を分析する意味段落であったからです。3段落中の資料はもちろん「東京の事例」に限定されては

分析編
解答・解説編
共通テスト・第1日程
予想問題・第1回
予想問題・第2回
予想問題・第3回
予想問題・第4回

いますが、しかし、「その際、その気運に大きく寄与したのが戦勝祝捷会の開催であった」という筆者の主張の論拠として引用されているわけです。つまり、この資料を引用した筆者の目的は、〈戦勝祝捷会が、国民の戦意高揚を煽り、群衆を形成したということを示すため〉ということになるはずです。この点について端的にまとめてある、②が正解となります。

①は、「日露戦争の開戦初期の段階から、国民が熱心に戦争を支持していた」という点が誤り。2段落冒頭に、「日露戦争の当初、国民の戦争支持はそれほど熱心でなかった」ことが記されています。

③は、「戦勝祝捷会」を「東京に固有の現象」とする点が不適。確かに「それが最も盛んであった東京」とはありますが（3段落）、同様の事例は、他の地域でも生じています（10段落）。

④は、群衆の形成を「日露戦争の終結を契機として」と説明する点が間違い。7段落にあるように、戦勝祝捷会によって形成される群衆は、すでに「戦争終結前」に現れています。

⑤は、「官憲が群衆を利用した」という点が本文内容と矛盾します。「群衆」やそれを煽る「新聞」は、基本的に、権力とは対立していました（9段落）。

問3 【傍線部中の比喩的な表現について、その解釈を問う問題】 7 ④

まず、傍線部中における「沸騰点」が「群衆」についての何かしらの状態をたとえる比喩的な表現であることに着目しましょう。つまり、この設問が問うているのは、この「沸騰点」という比喩について、それが文脈上どのような意味を持つのかを解釈せよ、ということであるわけです。そしてここで考えたいのは、比喩の解釈における一つの原則。それは、

その比喩に用いられている語句や表現がもともと持っている辞書的な意味やイメージを、まずは考える！

ということです。例えば、「彼女はひまわりのようだ」という比喩において、「ひまわり」は、単に「彼女」の美しさを言っているのみならず、朗らかさや天真爛漫（てんしんらんまん）な様子をも含意していますよね。そしてそれは、ほかならぬ「ひまわり」の持つ元来のイメージに由来するものであるはずです。

というわけで、ここでもまずは、「沸騰点」あるいは「沸騰」という語が本来持つ意味を考えてみましょう。それはもちろん、〈沸点に達すること〉であり〈煮え立つこと〉であり、あるいはやや比喩的に、〈激しく盛り上がること〉であるはずです。つまり傍線部中の「沸騰点」とは、「群衆」の熱狂が〈激しく盛り上がる／それ以上ない状態に達する〉といった意味を表していると解釈できる。すると、この点について解釈できていない③が、まず脱落します。

さて、次に考えたいのが、文脈です。傍線部を含む段落の直前の段落（12段落）に、

> **また、それが〝奔放（ほんぽう）〟なものになりがちなことを警戒した官憲による〝禁圧〟が、〝爆発〟をむしろ招いていた可能性が高いことにも注目せねばならない。**

とありますが、ここには「群衆」の〈反権力的な態度〉が示されています。そしてそこに、筆者は「爆発」という比喩を用いている。この「爆発」と、そして傍線部中の「沸騰点」と、両者には明白な類縁性が認められますね？　要するに、傍線部中の「沸騰点」を解釈する際には、この群衆における〈反権力的なあり方〉についても言及したいわけです。以上を踏まえ、正解は④ということになります。

①は「権力」と「群衆」が「共謀」した、という指摘が誤り。両者は敵対関係にあります。

②は、拡大解釈していけば、本文内容と矛盾するとはあながち言えないかもしれません。ただし、〈反権力

的なあり方〉についての言及がない時点で④より劣りますし、それに「沸騰」に対応する説明が希薄になってしまっています。

⑤は、「日露戦争を端緒として日本に初めて形成されたナショナリズム」という分析が誤り。13段落に、そうした動きはすでに「日清戦争」の時期から醸成されていたことが述べられています。

問4【引用された資料について、その引用の目的を問う問題】 8 ⑤

こちらは、論の展開をきちんと把握できていれば、ズバリ即答することが可能であったはずです。本文解説でも触れたとおり、14段落以降で筆者は、〈群衆の暴動を煽動したのは新聞というメディアであった〉ということを論じています。この点を踏まえた内容となっている、⑤が正解です。

①は誤り。「群衆」を「新聞」が「無視することができなくなった」と言ってしまうと、〈新聞が群衆を煽動した〉という論旨と、因果関係が反転してしまいます。

②と③は、「新聞」についての言及がない時点で論外。

④は、「群衆とメディアとの決裂」が誤り。「メディア」としての「新聞」が、「群衆」を煽ったのです。

問5【傍線部の意味を文脈から解釈する問題】 9 ⑤

傍線部について「どういうことか」と問うていますから、傍線部をわかりやすく説明することが求められているとわかります。もちろん、まずは傍線部冒頭の指示語「それ」の示す内容を確認します。ここはすぐに、〈それ＝新聞の群衆煽動が、のちの護憲運動や普選運動につながった〉と整理することができますね？　では、そうしたことを「形式」と「内容」の「二つの面」から指摘できる、とはどういうことか。

本文解説を参照しましょう。

形式　護憲運動・普選運動も、日露戦争期の群衆と同様に、新聞が中核となって形成された！

&

内容　日露戦争中にメディアが発した、〈国民に兵役の負担を強いるなら、国民の政治に参加する権利も拡張するべきである〉という主張は、まさに「普選運動」に直結するものであった！

以上の情報をまとめた内容となっている、⑤が正解です。

①は右の分析とまったく合致せず、②は、「形式」と「内容」のうちの「内容」に言及できていません。逆に③は「形式」について触れておらず、④は、「同じ時期には島田三郎などにより、それとは対立する主張も唱えられており」という記述が本文内容と矛盾します。19段落に、島田が普選運動に反対していたのは「戦争以前」であったと述べられています。

問6　**【複数のテクストを比較し、分析する問題】**　10　①

空欄の直前に「すなわち」とあり、さらにその直前の一文中に、「この日比谷焼き打ち事件の翌年に書かれた作品に、漱石の近代人批判が読み取れる」とあります。つまり文章の筆者は、「漱石」が、引用された「坊っちゃん」の「生徒」たちの無秩序な様子に「日比谷焼き打ち事件」に象徴される「近代人」、つまり「群衆」のありようを重ね合わせ、それを「批判」している、と解釈するわけです。もちろん、空欄にもそうした内容を挿入することになります。それを最も適当に説明できているのは、①となります。

②は、「評価すべき面もある」という点が、「漱石」の「批判」という文脈に合致しません。同じことは、④の「漱石の期待」という解釈についても指摘できます。また、⑤に関しても、②や④とは方向性こそ違います

が、「無力感」という解釈が、やはり「批判」の説明とはずれてしまいます。

③は、いろいろと拡大解釈すれば必ずしも間違いとは言えないかもしれません。が、漱石の批判する「近代人」を象徴するのは熱狂する「群衆」そのものとしての「生徒たち」であり、その点、この選択肢は漱石の批判対象を「メディア」にずらしてしまっているため、正解の①には劣ると言えます。

第2問　文学的な文章（および、論理的な文章）　やや難

本文解説

～武蔵丸を飼い始める「私達」夫婦（リード文～20行目）～

リード文にあるように、「私達」夫婦は、公園で兜虫を見つけ、「武蔵丸」と名づけて飼うことにしました。会社の元同僚である小川真理子さんに飼い方を教わりますが、その際、小川さんの飼っていた兜虫は「九月十五日」に死んでしまったことを知らされます。図鑑にも、「初夏に生れ、初秋に死ぬ」と記載されていました。ともあれ「私達」は、小川さんのアドバイスに従いメロンを餌として与えますが、武蔵丸の「全身を顫わせて齧り付くその姿」に、「胸を衝かれた」とあります。武蔵丸の生命力にあふれる姿に、感動しているのですね。つまり、飼い始めた当初から、「私」や「嫁はん」にとって、武蔵丸は特別な存在であったということがわかります。

それゆえでしょう。翌朝に武蔵丸が籠から逃げ出しているのに気づくと、「私」も「嫁はん」も、「虚を衝かれた」状態になってしまいます。〈虚を衝く〉とは〈相手の弱点や無防備な状態につけこんで攻撃する〉という意味の表現で、「私」も「嫁はん」も、まさに〈無防備＝武蔵丸の脱出など予想だにしておらず、油断していた状態〉を、〈攻撃された＝武蔵丸の脱出の事実をつきつけられた〉わけですね。よってここは、二人の相当な驚きやショックを表していると考えられます。二人はすぐさま家の中を隅々まで探しますが、こうした行動からも、飼い始めた当初から「私達」にとって武蔵丸がいかに大切な存在であったかをうかがい知ることができます。その思い入れの深さは、「夕飯後はいつも籠から出して、台所の板の間に放してやった」（19行目）という記述からもわかりますよね。

～八月の温泉旅行（21～25行目）～

八月のお盆が過ぎた頃、「嫁はん」からの希望で、「私達」は温泉旅行に出かけます……が、なんとその旅行に、武蔵丸を連れて行く。

無論、武蔵丸を放っておいて出掛けるわけには行かないので、西瓜を持ち、籠ごと紙袋の手提げに入れて連れて行った。（23～24行目）

とありますが、この「無論」という言い方に、〈武蔵丸を旅行に連れて行くのは当然でしょ?〉という、「私達」の強い思いを読み取ることができるはずです。武蔵丸は、本当に、二人にとって大切な存在であったわけですね。

～九月（29～47行目）～

九月に入ります。武蔵丸を心より大切に思う「私達」にとって、それが何を意味するかわかるでしょうか。

いよいよ九月十五日が近づいて来た。真理子さん宅の兜虫が死んだ日である。（32行目）

そうですね。この本文解説の最初にもまとめたように、秋の到来は、すなわち、武蔵丸の死が近くに迫っていることを意味するわけです。もちろん、武蔵丸を温泉旅行に連れて行くほどに大事にしている「私達」にとってみれば、それを思うことは本当に悲しく、つらいことだったでしょう。ですから、

私達夫婦は朝な朝な祈るような気持で、弁慶籠を覗き込むようになった。（34行目）

とあるわけです。

ところが九月も終わりに近づく頃、新藤涼子さんという知人との電話のなかで、その新藤さんから、「私」は「お宅の兜虫なんて、半年じゃないの。あした死ぬよ」（46行目）などと言われてしまいます。当然「私」は憤るわけですが、その思いが、

新藤さんは憎らしいことを言うのだった。糞ッ、と思うた。（47行目）

と表現されています。そして、それに続く「私が一番気にしていることを突いて来たのである」という記述から、いずれ近いうちにやってくる武蔵丸の死を思い、不安でたまらなくなっている「私」の気持ちを読み取ることができます。

～十月（48～63行目）～

秋はどんどん深まります。それはもちろん、武蔵丸の死がもう間近にひかえていることを意味します。ところがそれでも生き続ける武蔵丸。「私」はそんな武蔵丸のことを、「我が家の神」であるかのように感じてしまいます（48～49行目）。飼い始めた当初から大事な存在であった武蔵丸が、よりかけがえのないものになってゆくことがよくわかりますね。そしてそうである以上、迫り来る武蔵丸の死への不安は、さらに一層激しくなっているはずです。

武蔵丸を特別に思う気持ちは、「生来、けちで吝嗇で強欲で、道に痰を吐くのも惜しいと思うような男」で

ある「私」に、「武蔵丸のためならば、いくら金を出しても、惜しいと思わない」と思わせるほどに高まってゆきます（54行目）。

しかし、秋はいっそう深まっていく。気温も日に日に下がっていきます。それはまさに、「それだけ武蔵丸の死が近づいて来ること」を意味するわけです（55〜56行目）。もちろん、「私達」の不安も、ピークに達しているでしょう。ですから「最低気温」が「摂氏十五度」を切るようになると、少しは温度が高い「電気冷蔵庫」のそばに籠を移したり、あるいは電気絨毯（じゅうたん）や風呂敷などを用いたりして、より暖かい環境で武蔵丸が暮らせるようにあれこれと工夫するのですね。もちろんここからは、少しでも武蔵丸に長生きしてほしいという、「私達」の切なる思いを読み取ってください。

設問解説

問1 【語句の意味を答える問題】 11 ① ／ 12 ② ／ 13 ③

必要最低限は文脈を参照せねばならないこともありますが、第2問で出題される語句の問題は、原則的には〈辞書義〉で答える知識問題だと考えておきましょう。

(ア)「くま無く」は、「くま」を漢字で表記すると〈隈〉で、〈奥まったところ・すみ〉の意。〈すみからすみまで余すところ無く〉というところから、「隅々まで」という意味になりました。①が正解です。(イ)「骨休め」の「骨」は、ここでは〈からだ〉を象徴する語として使われています。「身体」について言及できている②が正解です。(ウ)「果たして」は、〈本当に〇〇だろうか〉などと疑問の意味で使われるパターンと、〈予想した通り〇〇になった〉という意味で使われるパターンとがあります。どちらのパターンであるかを判断するには、文脈を参照する必要がありますね。「新藤さんは兜虫と鍬形虫（くわがたむし）とを錯誤しているな」（41行目）という予想がまさにその通りであったというところで用いられているので、③「思ったとおり」が正解であるとわかります。

問2 【傍線部について、人物の心情を問う問題】 14 ③

傍線部A「私も嫁はんも虚を衝かれたような形だった。」について、ここから読み取れる「心情」を答える問題です。ここは、本文解説でまとめた、

> 翌朝に武蔵丸が籠から逃げ出しているのに気づくと、「私」も「嫁はん」も、「虚を衝かれた」状態になってしまいます。〈虚を衝く〉とは〈相手の弱点や無防備な状態につけこんで攻撃する〉という意味の表現で、「私」も「嫁はん」も、まさに〈無防備=武蔵丸の脱出など予想だにしておらず、油断していた状態〉を、〈攻撃された=武蔵丸の脱出の事実をつきつけられた〉わけですね。よってここは、二人の相当な驚きやショックを表していると考えられます。

という分析から、正解が③であると判断できるはずです。

①は「虚脱感に襲われている」とありますが、それなら直後に武蔵丸を探すなどという行動はとれないでしょう。②の「諦め」というのも、この点で誤りと判断できます。

④の「心の底から感動している」、⑤の「兜虫への憤り」は、右の分析に鑑みて、まったくもって論外ということになります。

問3 【傍線部について、その理由を考える問題】 15 ②

傍線部B「糞ッ、と思うた。」は、もちろん、新藤さんを憎らしく思う気持ちから発された言葉です。本文解説でも触れた通り、「お宅の兜虫なんて、半年じゃないの。あした死ぬよ」と言われたことに腹を立てたのですよね。この時点で、新藤さんへの腹立たしさを軸としていない③は消えます。③は他にも、「他でもない

明日の死を予告された」という箇所もまずい。確かに新藤さんは「あした死ぬよ」とは言っていますが、ここでの「あした」は単に〈近い将来〉といった程度の意味であり、「明日」という日をピンポイントで指しているわけではありません。

①は「新藤さんの鍬形よりも武蔵丸が先に死ぬわけなどないとはわかってはいる」という箇所が不適。「鍬形」は「七年は生きる」のですから、どう考えても武蔵丸は「新藤さんの鍬形」よりも早く死ぬはずです。

②は、「意趣返し」という言葉の解釈が鍵となります。「意趣返し」とは、〈恨みを返す、仕返しする〉という意味の語句。選択肢②は新藤さんが「私」への「意趣返し」すなわち〈仕返し〉として武蔵丸の死を口にした、という内容になっていますが、ここで本文を確認してみましょう。45行目で新藤さんのことを「恩知らず」と言った「私」への返答の中で、新藤さんは「私」に向かって悪態をついています。まさに新藤さんは、「私」への「意趣返し」として、武蔵丸の死を口にしたわけですね。この②が正解となります。

④は「それまであまり考えていなかった武蔵丸の死」という点が誤り。傍線部Bの直後に、「私が一番気にしていることを突いて来たのである」とあります。

⑤は、「自分に対して一方的にけんかを売ってくる新藤さん」という箇所が不適。②の解説で言及したように、最初に相手を悪く言ったのは「私」のほうです。

問4　【傍線部について、人物の心情を問う問題】　16　⑤

まず、傍線部C「それではならじ」ですが、やや古文的な言い方ですよね。「ならじ」の「なら」が動詞の〈なる〉で、こういった言い方では〈許すことができる〉といった意味で使われます。そこに打消推量「じ」が付いているのですから、「ならじ」は〈許されまい〉といった意味であると解釈することができます。「それではならじ」の「それ」は、もちろん「赤い部分がどろどろに溶け」ているような「一個二百円」程度の安物の「西瓜」のこと、あるいは「そんなもの」を武蔵丸に食べさせることを指しているわけですから、これらの点をしっかりとまとめている⑤が正解となります。なお、⑤の「いよいよ特別な存在となっていく武蔵丸」という箇所は、武蔵丸を「我が家の神」とまで感じるようになったという本文内容を言い換えています（以上分析した範囲は、本文の48〜54行目）。

右の分析に成功すれば、①や②がまったくの的外れであることはすぐにわかります。また、③も「最初から高級なメロンを食べさせるべきであったと自分を責めている」という箇所が無根拠。④は「ならじ」の「なら」を、〈実が成る〉の意味で誤読してしまっています。

問5【傍線部を含む場面について、人物の心情を問う問題】 17 ②

ここは本文解説の最後、

> しかし、秋はいっそう深まっていく。気温も日に日に下がっていきます。それはまさに、「それだけ武蔵丸の死が近づいて来ること」を意味するわけです（55〜56行目）。もちろん、「私達」の不安も、ピークに達しているでしょう。ですから「最低気温」が「摂氏十五度」を切るようになると、少しは温度が高い「電気冷蔵庫」のそばに籠を移したり、あるいは電気絨毯（じゅうたん）や風呂敷などを用いたりして、より暖かい環境で武蔵丸が暮らせるようにあれこれと工夫するのですね。もちろんここからは、少しでも武蔵丸に長生きしてほしいという、「私達」の切なる思いを読み取ってください。

という分析を参照すれば、迷いなく②であるとわかるはずです。

①は「人だけがみずからが死ぬことを知っている悲しい生物（いきもの）である」（57〜58行目）あたりの記述を参照して迷った人もいるかもしれませんが、傍線部を含む場面において「私」の心を占めているのは、やはり武蔵丸、

のことであるはずです。仮に〈人間のはかなさ〉といったものを感じているとしても、「悲しい」を「深く絶望」と言い換えるのは、強すぎます。

③は武蔵丸の死を覚悟したうえでの思慮、という内容になってしまっている点が不適です。「私」は、武蔵丸に少しでも長生きしてもらいたくてあれこれ工夫をしているのです。

④と⑤は、本文解説での分析とはまったく関係のない、無根拠な内容となってしまっています。

問6 【複数のテクストを参照し、その対応関係を分析する問題】 18 ③ ／ 19 ①

(i)

二重傍線部を含む一文を読むと、

> 作者の実としての物語と虚としての物語の関数を追求するのかもしれないし、虚としての物語を肥大させ、ついには「私小説」の枠組みを破ってしまうのかもしれない。

とあります。「実」と「虚」との関係性を述べる文脈で、「虚」が「肥大」した結果が二重傍線部であるわけですから、〈「リアリズム」すなわち「実」を追求する考え方〉を超えて〈「フィクション」すなわち「虚」〉に至る、という内容になっている③が正解です。

①は「日常」から得られる「実感」すなわち「実」が中心になってしまっていますし、②は「実」と「虚」との関係がイーブンになってしまっています。④は、二重傍線部を含む一文の次の一文、つまり「また」という接続詞によって添加された、新たな話題に対応する内容ですね。逆に言えば、二重傍線部の説明にはなっていません。

(ii)

【資料】の評者は、「虚構も交えながらその実感に見あう表現を定着しよう」とする「現在の短歌や俳句」の境地が、「私小説」のたどり着いた場所とそのまま重なることを指摘しています。まさに、評者の考える「私小説」における「虚構」とは、〈日常の実感を主としながらも、そこに交えられるもの〉ということになるわけです。

さらに【資料】の評者は、小説「武蔵丸」に認められる、そうした〈日常の実感を主としながらも、そこに交えられる虚構〉について、「カブトムシをほとんど家族の一員としてあつかうという虚構」と説明していますね。評者は、小説「武蔵丸」について、筆者である車谷長吉の「日常での実感」を素材としつつも、そこに「カブトムシをほとんど家族の一員としてあつかうという虚構」を交えた作品である、と分析しているわけです。

まず、選択肢の①については、武蔵丸の「翅の輝き」を「ストラディヴァリウスのヴァイオリン」にたとえているわけですが、これは単に武蔵丸の美しさを言っているだけであり、「カブトムシをほとんど家族の一員としてあつかうという虚構」という、評者の考える「虚構」とはズレた内容になってしまっています。

これに対して、②「籠から出して、台所の板の間に放し」てやる、③の温泉旅行に連れて行く、④の「電気絨毯」や「莫蓙」などまで用いて暖かい環境を整えてやる、といった内容は、それぞれ、「カブトムシをほとんど家族の一員としてあつかう」ことの具体的な内容となっており、すなわち評者の考える小説「武蔵丸」の「虚構」に通じるものであることがわかります。

設問が、「評者の見解と異なるもの」を問うていることを見落とさないでくださいね。

評者の考える小説「武蔵丸」中の「虚構」とは対応していない、①が正解ということになります。

予想問題・第2回 解答・解説

100点／40分

→解答：*p*.58
→解説：*p*.59

予想問題・第2回　解　答

問題番号（配点）	設問	解答番号	正解	配点	問題番号（配点）	設問	解答番号	正解	配点
第1問（50）	1	1	4	2	第2問（50）	1	12	4	3
		2	1	2			13	2	3
		3	3	2			14	1	3
		4	4	2		2	15	5	7
		5	1	2		3	16	2	8
	2	6	1	8		4	17	5	8
	3	7	3	8		5	18	3	8
	4	8	4	8		6	19	1	5
	5	9	2	8			20	1	5
	6	10−11	5 − 6	8（各4）					

（注）－（ハイフン）でつながれた正解は、順序を問わない。

第1問　論理的な文章　難

本文解説

～民主主義論としての『正義論』（1～4段落）～

ジョン・ロールズは『正義論』で、「正義」を「現代社会における重要な主題」としました。そのことを「民主主義論」の文脈から考察してみようというのが、本文の問題設定です（1段落）。戦争体験から、「人の運命」を決めるのは「本人の責任」だけではなく「偶然」にも左右されることを痛感したロールズは、「どうすれば人々を道徳的に平等な存在とした上で、社会的協働を実現できるか」、そして「自由かつ平等な存在が等しく遇される秩序ある社会とは何か」ということを考えるようになったのですね（2段落）。

ロールズは、「社会全体の効用を最大化しようとする功利主義」に対抗し、「人格の個別性」を重視しました。要するに、〈人間を全体として抽象的に捉えるのではなく、個々の人間の多様な考え方に着目しなければならない〉ということです。そのうえで、そうした多様な価値観と社会の秩序とが、いかにして両立可能なのかを考える必要がある。それには、「公共的な仕方」での「正義のルール」の「承認」が重要になってくる――ロールズは、そのように主張したわけです（3段落）。

そうした主張を唱えるうえで、ロールズが注目したのは、「社会契約論」でした。「社会契約論」は、「社会が成立する以前に個人が置かれた状態」を意味する「自然状態」という概念を説きます。ロールズはそれを「原初状態」と言い換え、そして、そのような状態に置かれて自己についてのあらゆる属性を無化された場合、「理性ある人間たちはいかなる正義のルールにならら合意しうるか」という問いを立てたのですね。もちろん、そこで出された結論が、「正義の二原理」ということになります（4段落）。

〜正義の二原理とは何か（5〜8段落）〜

まず、この「正義の二原理」について、筆者は以下のようにロールズの考えをまとめます。

第一原理　平等な自由

&

第二原理　公正な機会均等の下、もっとも恵まれない人の境遇を最大限に改善する限りで格差は認められるという考え方

第二原理が難解だったかもしれませんが、要するに、〈社会における最も不遇な人々の利益をきちんと考え、彼らの生活水準を可能なかぎり向上させるという条件が満たされるなら、社会には格差が存在してかまわない〉ということです（5段落）。

しかしこうした「正義の原理」は、固定された不変の観念などではありません。自らの道徳的判断とずれるなら、「正義の原理」について何度も再考することが大切になってきますし、あるいは、自分の道徳的判断が間違っている可能性も考えねばなりません（6段落）。そしてここでは、市民個々人が「正義感覚」すなわち「正義にかなったルールに基づいて、他者を配慮して行為することへの感覚もしくは能力」を鍛えていくことが要求されます。つまりは、自分の考えを絶対化せず、多様な価値観の存在を認めながらも、皆で合意可能な妥当な原理を見出していくことが大切だということです（7段落）。そうした考え方に思想的な基礎を与えようとしたのが、ロールズの『正義論』なのです（8段落）。

〜第一原理と第二原理との関係（9〜12段落）〜

さて、先に整理した「正義の二原理」ですが、第一原理と第二原理とは、等価の関係で並ぶわけではありません。ロールズにとってまず大切なのは第一原理すなわち「平等な自由」であって、第二原理すなわち「社会のなかでもっとも不遇な人々の生の見込みを、可能なかぎり最大化する」という条件において「格差」は認められる、という考え方は、あくまで第一原理に次ぐものに過ぎないのです（9〜10段落）。重要なのは何よりもまず「平等な自由」であると考えるロールズは、例えば「高度な技能をもつ人が所得などの面で優遇されることは当然」という主張に象徴されるように、「不平等の存在を認めている」とさえ言えるのです（9〜11段落）。

ただし、ロールズは、「市民の自尊心や、自分を価値ある存在として捉える感情を毀損するような政治的・経済的不平等」は決して認めませんでした。そのような「不平等」が認められてしまうと、「人々が相互に自由で平等な人格をもつものとして協働するような秩序を構想する」ことが、不可能になってしまうからです（12段落）。

〜福祉国家と財産所有の民主主義（13〜14段落）〜

「福祉国家」とは、どのようなシステムを言うのか。それを理解するには、〈所得の再分配〉という考え方を知っておく必要があります。例えば、失業保険や医療保険などの社会保障制度。これは〈市民一人一人から、保険料や税金を集め、それを財源として確保しておく。この際、年齢や所得の多寡によって、市民の払う額は増減する。端的に言えば、働き盛りで給料の多い人はたくさん納め、そうでない人は少ししか納めない。そして誰かが病気になったり失業したりしたとき、この確保された財源から、そうした人たちにお金が援助される〉といったシステムであるわけです。13段落中の「事後的な再分配」というのが、まさにこういった仕組みのことを指していると考えられます。そしてかなり雑な説明にはなってしまいますが、こうした社会保障制度を充実させていくのが、「福祉国家」なのですね。

ロールズは、こうした「福祉国家」に対しては「批判的」でした。その理由はいくつか挙げられていますが、わかりやすいのは、以下の指摘でしょう。つまり、何か事が起こった後に、すなわち「事後的」に財の「再分配」をするというシステムの中では、人々は「受動的な市民」になってしまう可能性がある、と。〈何かしらのアクシデントで稼ぎがなくなっても、国が保障してくれるからいいや……〉と考えて、主体的に生きることができなくなってしまうというわけですね（13段落）。

というわけでロールズは、そうした「福祉国家」的な政策に対し、「財産所有の民主主義」という考え方を提唱しました。「事前」すなわち〈何かが起こる前〉に財を再分配し、「適正な程度の社会的・経済的平等」をまずは構築しておくことが大切だと述べます。そして、そうした「平等」を「足場」として、それ以降は「自分自身のことは自分で何とかできる」ようにすることが、市民の主体性を確保するうえで、重要になってくると。こうした考え方は、「民主主義の現在」を考えるうえで、とても示唆的なものと言える――筆者はそのように、ロールズの思想をまとめています（13〜14段落）。

設問解説

問1 【漢字の問題】 1 ④／2 ①／3 ③／4 ④／5 ①

(ア)は「偶然」。①は「処遇」で、〈扱い方、待遇〉の意。②は「宮司」。③は「一隅」で、〈かたすみ〉の意。④は「偶数」で、これが正解。

(イ)は「執筆」。①は「執事」で、これが正解。②は「過失」、③は「品質」、④は「疾病」。

(ウ)は「妥当」。①は「投影」、②は「周到」。③は「該当」で、これが正解。④は「未踏」。

(エ)は「基礎」。①は「機密」、②は「企画」、③は「禁忌」。④が「基調」で、これが正解。

(オ)は「許容」。①が「特許」で、これが正解。②は「拒絶」、③は「虚弱」、④は「占拠」。

問2【本文中のキーワードについて、その内容の理解を問う問題】 6 ①

まず「功利主義」すなわち「社会全体の効用を最大化しようとする」という考え方について、ロールズが批判的な立場をとっていることを確認しましょう。そのうえでロールズは、「人格の個別性」や「人格の複数性」を重視しています。つまり、〈個々の人間の多様な考え方〉を無視してはいけないということです。逆に言えばロールズは、「功利主義」が抽象的で均質な存在として人間を考えてしまっていることを批判するわけですね。そして、そうした個々人の考え方の多様性と、社会の秩序とが、いかにして「両立」可能かを考察するわけです。その際、「この課題に応えるため（4段落）」という言葉からもわかるように、ロールズは「社会契約論」の考え方を参考にしています。以上の点をまとめた、①が正解です。「相克（＝矛盾するもの同士の対立）」を「乗り越える」という表現が、「両立」の言い換えになっている点がポイントですね。

②は、「多様な善から一つの社会的正義を選び出す」という記述が誤り。ロールズは「多様性」を尊重することを説いています。

③は「社会契約論」と「功利主義」を連続したものとして見ている点が不適。「功利主義」はロールズが批判した対象、「社会契約論」はロールズが援用した理論です。

④は「人格の複数性を重く見る功利主義」という記述が右の分析と矛盾します。

⑤はロールズの考え方が「功利主義」にも基づいたものであるとする点が論外で、また、「自己責任という概念の重要性」などということは、本文のどこにも書いてありません。

問3【傍線部の内容を具体的に説明する問題】 7 ③

傍線部を含む一文を読むと、「これをロールズは反省的均衡と呼びますが……」とあり、〈これ＝反省的均衡〉

という構造を確認することができます。当然、「これ」の指示内容である「このようにして導かれた正義の二原理を、私たちがもつさまざまなレベルの道徳的判断と整合させていくこと」という情報が、解答の軸となります。「正義の二原理」については、本文解説を参照しておいてください。ここでは、「正義の二原理」を「道徳的判断」と「整合させていく」ということについて、その具体的な意味内容を考えてみましょう。傍線部を含む段落に、

もし正義の原理が自分のいま抱いている道徳的判断と食い違うなら、正義の原理のシミュレーションをやり直すか、自分の道徳的判断を疑ってみるしかありません。この繰り返しをロールズは強調したのです。

とありますね？　要するに、「正義の二原理」と「自分」の「道徳的判断」とのズレを感じたなら、「正義の二原理」について再度検討を加えたり、「自分の道徳的判断」を自己批判したりしてみる必要があるということです。この点が「整合」の具体的内容と考えられますから、以上を端的にまとめた③が正解となります。

①は「自明の前提として内面化」という箇所が、そして⑤は「自己の道徳的判断の正しさを確信していく」という箇所が、それぞれ右の分析と矛盾します。

②は「正義の二原理」の「精度」の「向上」についてのみ言及し、「自分の道徳的判断」の自己批判、という内容が抜けてしまっています。そして④は逆に、「正義の二原理」の「精度」の「向上」についての言及がない点が誤りということになります。

問4　【本文中のキーワードについて、その内容の理解を問う問題】　8　④

傍線部「格差原理」は、「第二原理」を解説するなかで焦点化される概念です。ここで本文解説を参照するなら、

「第二原理」とは、

社会における最も不遇な人々の利益をきちんと考え、彼らの生活水準を可能なかぎり向上させるという条件が満たされるなら、社会には格差が存在してかまわない

という考え方であったはずです。となると、「いかなる不平等もそこに認めるわけにはいかない」とする選択肢①は、脱落します。

しかし、たとえロールズが「格差」を認めていようとも、③の「そうでない人間が不遇な生活を強いられるのは、当然のこと」は言い過ぎです。確かにロールズは「高度な技能をもつ人が所得などの面で優遇されることは当然」と言っていますが、持たざる者が「不遇な生活を強いられるのは、当然」とまでは言っていません。これでは正義の第二原理にも、矛盾してしまいます。

②と⑤は、本文に該当する記述が存在しません。

よって正解は④となりますが、これは10段落中の、「まずは平等な自由が大切であり、これが実現されている限りで第二原理の達成が目指される」という記述を言い換えた内容になっています。

問5 【文章の構成と内容を分析する問題】 9 ②

一つずつ見ていきましょう。

①は、2段落の内容について、「3段落以降の論考にほとんど関係のない余談となっている」と述べている点が誤り。2段落中に言及された「どうすれば人々を道徳的に平等な存在とした上で、社会的協働を実現できるか」、あるいは「自由かつ平等な存在が等しく遇される秩序ある社会とは何か」という問題提起は、その後

の展開でも中心的なテーマとなっています。

②は、正解。4段落の最後に示された「正義の二原理」について、「具体的には」で始まる5段落が詳細に解説していることは間違いないですし、また、この「正義の二原理」は、6段落以降の論の展開のうえで、まさに「重要なキーワード」となっています。

③は、11段落の内容と12段落の内容との対照性が「ロールズの思想」の「論理的な矛盾」を示している、と指摘している点が不適。筆者はロールズを批判するような立場でこの文章を書いているわけではありません。

④は、「14段落では両者の共通性について指摘する」という点が誤り。「両者」はもちろん「福祉国家」と「財産所有の民主主義」とを指していますが、前者がロールズの批判する対象であるのに対し、後者はロールズの思想そのものです。「両者」はこの段落でも、「対照性」を前提として説明されています。

問6 【対話文を読み、本文内容との正誤を分析する問題】 10 ⑤ ／ 11 ⑥

これも、一つ一つの選択肢を確認していきましょう。

①の「生徒A」は、「無知のヴェール」という考え方に着目していますね。本文の4段落に言及されている概念です。ロールズは「社会契約論」の「自然状態」という術語を「原初状態」と言い換えます。そしてこの「原初状態」に置かれた人々は「無知のヴェール」におおわれることになるのですが、そこでは、「自分の性別や年齢、資産や能力などの属性」がわからなくなります。こうした状態を仮定することにより、ロールズは、「正義の二原理」という概念に至り着くわけですね。「生徒A」は、まさにそうした内容を、自分の境遇に即して説明し直しています。本文の趣旨に合致しますので、正解にはなりません。

②の「生徒B」は、「正義」の「第二原理」について「大切なことだ」と賛同しています。「第二原理」は問4の解説でも確認しましたが、念のため、問4の解説や本文解説を、再度読んでみてください。選択肢中の、

「国民」が「最低限度の生活」を営むためには「不遇な人間の利益について考えることは不可欠であるはずです」という指摘は、〈格差は、社会における最も不遇な人々の利益をきちんと考え、彼らの生活水準を可能なかぎり向上させるという条件が満たされるなら是認される〉という考え方に通じるものと言えそうです。本文の趣旨に合致しないとまでは言えないので、不正解。

③の「生徒C」は、ロールズの説く「正義感覚」に焦点化しています。本文の対応箇所は7段落ですね。「正義感覚」とは「他者を配慮して行為することへの感覚もしくは能力」を言うわけですから、「利己的で排他的な言説」がしばしば見られる以上、「私たち個々の市民がいまだ『正義感覚』を身につけているとは言い難い」という指摘は正しいと言える。本文の趣旨に合致しているので、不正解です。

④の「生徒D」は、「対立する双方が、相互に自分が正しいと主張して譲らなければ、議論は分極化するばかりです。必要なのは、それぞれの価値観や世界観を前提に、それでもともに一つの政治社会をつくっていくための公正な手続きです」という8段落の内容を踏まえた説明になっています。本文の趣旨に合致しているので、不正解です。

⑤の「生徒E」は、ロールズの主張を受けて「自由競争の原理を徹底的に追求していく必要がある」と述べてしまっていますが、もし「自由競争の原理を徹底的に追求していく」なら、社会的な弱者の救済を説く正義の第二原理に抵触してしまいますから、これは本文の趣旨とは矛盾してしまいます。一つ目の正解ということになります。

⑥の「生徒F」は、「医療保険」という社会保障制度を参照しながらロールズの「財産所有の民主主義」を解釈してしまっていますが、ロールズは、社会保障制度、あるいはそれを充実させていくことを企図する「福祉国家」について、こうした富や財の「事後的な再分配」を批判していたはずです。ロールズが唱えた「財産所有の民主主義」においては、富や財産の「事前の分配」が重視されるわけですから、「生徒F」は本文を読

み違えてしまっていることになります。これが二つ目の正解です。

第2問　文学的な文章　やや難

本文解説

～神保町の喫茶店（1～17行目）～

神保町の喫茶店で、「わたし」は大手出版社の編集者である仙川涼子と会います。「いま進めている長編小説の進捗具合や内容についてのあれこれをやりとりしている」（8～9行目）、「や、書いても書いても終わりがようわからん感じで」（14行目）等のせりふから、「わたし」が作家であることがわかります。作家として、編集者である仙川と打ち合わせをする場面なのでしょう。

注意しておきたいのは、8行目の「初めて会ったのは今からちょうど二年まえだ」という記述です。この「今から」という書き方から、この物語がまずは〝現在〟を場面として書き出されていることがわかります。過去の回想ではなく、〝現在〟。小説や随筆などの文学的な文章を読むにあたって、語られる内容の時系列を整理することはきわめて重要です。こうした記述を見落とさないように、注意する必要があります。

そして、その仙川涼子ですが、9行目以降から、その人物像についての詳細な説明が始まります。「年齢はわたしより十くらい上の四十八歳」であり、いろいろな部署を経験し、「現代作家のことをそんなに知らないわたしでも何冊かは読んだことのある作家を何人か担当」等々の記述から、仙川がかなりのベテラン、あるいは経験豊富な編集者であることが読み取れますね。さらに、そんな仙川の髪型や表情について、「それをみるのがなんとなく好きだった」（12～13行目）と述べているところから、「わたし」が彼女に対し、少なくとも悪い印象は抱いていないことも確認できます。あるいは、わたしは小説のことなんてまだ何も訊かれてもいないのに、なぜか自分から話題に出して（15行目）あたりの記述から、「わたし」が、仙川涼子のことを編集者として信頼しているということも、解釈することが可能なはずです。

話が「今から五年まえ」にさかのぼります。つまり、回想シーンが始まったわけですね。繰り返しますが、時系列は、丁寧に整理しましょう。右に整理した冒頭の場面が「今」で、ここから先は、過去の話ということになります。

さて、「今から五年まえ」ですが、「わたし」は「小さな出版社が主催している小さな文学賞を受賞して、なんとか小説家としてデビューすること」（18～19行目）ができました。残念ながら本が刊行されることはなく、話題にもならなかったのですが、それでも、男性編集者が担当としてつくことになります。

～男性編集者（18～54行目）～

けれども、男性編集者との付き合いは、「わたし」にとって、つらいものでした。

まず、彼と付き合った二年間は、「ボツと書き直しをくりかえすだけの、わりとしんどい時間」（21行目）でした。

さらに、どれだけ「わたし」が真摯に執筆に取り組んでも、男性編集者は、「どうも肝心の根っこの部分でわたしの書くものに良い部分があるとは思えない」（23～24行目）ようでした。その証拠に、彼は「わたし」に向けて、「読者の顔が想像できていない」とか、「人間のことをわかっていない」とか、「まだ本当の意味で追いこまれたことがない」など、厳しい言葉ばかりを投げかけてきます（25～26行目）。最初のうちはそうした言葉をもきちんと受け止めようとしていた「わたし」でしたが、次第に「疑問に思う」ようになり、心も参ってしまいます。そして、二人はついに、疎遠になってしまいました。

そんな時、突然、酔っぱらった男性編集者から深夜に電話がかかってきます。

その内容は、「わたし」の作家としての才能やセンス、可能性を全否定するような言葉でした。

もちろん、「わたし」は落ち込みます。「何年もたってやっと、やっと物を書くはじまりに立てたのに、これでぜんぶ終わってもうたんかもしれん」（38～39行目）という心中独白には、そんな「わたし」の思いが端的に表されていると言えるでしょう。

「わたし」の落胆や苦しみは、「それから数ヶ月のあいだ」も続きました。「バイトに行く以外は誰とも会わず、ほとんど家から出なかった」（40～41行目）というほどに。

しかし、ある日、「わたし」は突然、男性編集者への「怒り」をはっきりと自覚します。44行目以降の段落中の、「あいつは、なんやねん」、「眼球にみるみる血液が集まって、そのまま飛びだしてどこかへ転がっていきそうなくらいに目をかっと見ひらき」、「なんやねんなあいつは」、「腹の底から大声を出した」等の言動は、その「怒り」が一気に噴出する様子を読者に印象づけるものとなっていますね。そしてついに「わたし」は、

> 急激に、何もかもが心の底からどうでもいいことのようにはっきりと思えて、わたしはその男性編集者の存在を忘れることにした。（53～54行目）

という心境に至ります。

～「わたし」にやってきた転機（55～85行目）～

ところが、それから一年後、「わたし」は「転機」に恵まれることになりました。「はじめて刊行した短編集

がテレビの情報番組で紹介され、有名なタレントたちがこぞって褒めるという事態になって、結果的にその本が六万部を超えるヒットになった」（56～57行目）のです。

もちろん、「わたし」は「うれし」く思ったわけですが、それと同時に、「複雑な気持ち」にもなりました（68行目）。なぜならば、

本が売れたのはそれはやっぱりテレビで芸能人が褒めたからなのであって、もし仮に、そんなものがあるのかないのかはわからないけれど――もし仮に本の「実力」というものが存在するとして、それと今回の結果とはやっぱり本質的なところでは関係がないことのように思えたから（68～71行目）

です。

そんなとき、連絡をくれた編集者が、冒頭の場面で登場した仙川涼子でした。つまり、冒頭の場面は、この最終場面の二年後という設定だったわけですね。

仙川は、「わたし」の小説のアイデアを、大変に評価します。けれども、「ぜんぶ忘れてください」と言う（78行目）。仙川によれば、「わたし」の作家としてのオリジナリティや素晴らしさは、「文章の良さ、リズム」にあると言います（82～83行目）。「わたし」は最終行で「文章」と聞き返していますが、これは、自分の作品をそのように評価する言葉を初めて聞いて、驚いたためだろうと思われます。そして、この出会いから冒頭の場面に至るまで、「定期的に会って」いる（8行目）のですから、「わたし」にとって仙川涼子は、おそらく、自分の真の可能性を見出してくれる、良き理解者であったということでしょう。まさに男性編集者と正反対の人物像として、彼女が描かれているわけです。

設問解説

問1 【語句の意味を答える問題】 12 ④ ／ 13 ② ／ 14 ①

例によって、まずは〈辞書義〉で答える知識問題として解いてみましょう。

(ア)「進捗（しんちょく）」は、〈物事がはかどること〉の意。④が正解です。(イ)「反芻（はんすう）している」の「反芻」は、もともとは〈一度飲み込んだものを口中に吐き出し、再度よく噛（か）む〉という、牛などの物の食べ方を言う語でした。そこから、〈何度も繰り返して考え、味わうこと〉という意味でも用いられるようになります。②が正解です。(ウ)「一家言ある」の「一家言」は、〈その人が持つ、独特の意見や主張〉の意。①が正解となります。

問2 【傍線部について、その理由を考える問題】 15 ⑤

「わたし」が「ほとんど家から出なかった」理由は、もちろん、男性編集者の心ない言葉に傷つき、作家としての自分の人生も終わってしまったかもしれないという思いに打ちひしがれて、「数ヶ月のあいだ」も「くよくよとした日々」を過ごしていたからです。こうした内容を踏まえた⑤が正解となります。

①は「激しい怒りの念」が誤り。「怒り」を自覚するのは傍線部の直後からの展開であり、傍線部の時点では、まだ「激しい怒りの念」は感じていません。

②は「信頼していた男性編集者」という箇所が不適。27〜28行目に、すでに男性編集者への不信感が募っていたことが明言されています。

③は「冷静かつ論理的な言葉」が間違い。男性編集者の言葉は、かなり乱暴なものだと言えます。

④は、「自身の才能のなさはずっと以前から気づいていた」「執筆という仕事に誇りも自信も持てたことはなかった」等の記述が無根拠。むしろ「わたし」は、「小説はもちろん、ときどき舞いこんでくるタウン誌なんかのエッセイや、どんな細かな原稿であっても、いつも全力でそれなりの自信をもって取り組んでやってき

たつもり」（22～23行目）でした。

問3　【傍線部について、人物の心情を問う問題】 16 ②

問2では「わたし」の沈む気持ちを解釈しましたが、その後の「ある日」に、突然、その思いは「怒り」へと転化します。傍線部を含む場面は、まさにそうした「怒り」を「わたし」が爆発させているシーンですね。ここは素直に、②を選べたのではないでしょうか。

①は「喜びをかみしめている」が、右の分析と食い違っています。

③は、「彼や彼の言葉のことはもう忘れようと踏ん切りをつけている」という箇所が誤り。確かに本文の53～54行目には「わたし」のそうした思いが書かれていますが、「わたし」がそう思い立ったのは、傍線部より「ずいぶん時間がたったあと」（49行目）のことです。

④は、「男性編集者のことはすっかり忘れていた」という内容が、本文の「例によって男性編集者の最後の電話のことを反芻している最中だった」（41～42行目）という記述と矛盾しています。

⑤は「そんな夢など諦めてしまおうと自分に言い聞かせている」という内容が無根拠。

問4　【傍線部について、人物の心情を問う問題】 17 ⑤

まず、ここでいう「転機」については、

> はじめて刊行した短編集がテレビの情報番組で紹介され、有名なタレントたちがこぞって褒めるという事態になって、結果的にその本が六万部を超えるヒットになったのだ。（56～57行目）

という出来事を指していることはすぐにわかります。つまり設問は、こうした出来事を受けての「わたし」の「心情」についてまとめることを求めているわけですね。もちろん軸となるのは、

結果的に本が売れたことはとてもうれしかったけれど、でも同時にどこか複雑な気持ちにもなった。（68行目）

という本文記述です。そして本文解説でも言及したように、ここで「わたし」が「複雑な気持ち」になっているのは、〈売れたのは芸能人が褒めたからであって、自分や自分の本の実力とは、本質的なところでは関係がないことのように思えたから〉でした。こうした内容を説明できているのは、⑤です。

①は「痛快な気分にひたっている」、②は「作家としての自信を取り戻すことができた」という内容が、それぞれ「複雑な気持ち」という本文記述と矛盾します。

③は「複雑な気持ち」について言及できていますが、そのような心情となった理由が、「掲載した作品の内容やアイデアは主に編集者から助言されたものであって完全に自らの作品と言えないため」と、本文に書いていない内容へとずらされてしまっています。また、④についても、「葛藤を覚えざるを得ない」という箇所は「複雑な気持ち」の言い換えとして認められますが、その理由を、「それまでの作風とは異なる作品を収めたものであった」ことから生じる「胸に秘めた目標とすべき理想の作家像との食い違い」、としてしまっている点が、やはり本文の記述と合致しません。

問5 【傍線部について、人物の心情を問う問題】 18 ③

傍線部は、仙川涼子の言葉に対する「わたし」の反応であるわけですから、当然、仙川涼子の言葉の内容を

吟味することになります。

仙川は、「わたし」の作品に対して、まずそのアイデアを評価しながらも、「ぜんぶ忘れてください」と言います。そしてその真意は、本文解説でも確認したように、〈「わたし」の作家としてのオリジナリティや素晴らしさは、「文章の良さ、リズム」にある〉という点を「わたし」に自覚させることでした。

ここで考えたいのは、仙川涼子が、あの粗暴な男性編集者とは対照的な人物像として描かれていること。そして、この最初の出会いから二年経った「今」でも、「わたし」は仙川涼子に定期的に会い、アドバイスを受けていること。

こういった点に鑑みるなら、「わたし」にとって仙川涼子は、作家としての自分の真の実力を理解し、そして自分を育ててくれる、良き理解者として存在していると言えるはずです。

もちろん、傍線部を含むファーストコンタクトの場面で、そこまでの信頼感を抱いたとは言えないかもしれません。しかしながら、ひたすらにダメ出しをするばかりだった男性編集者に比べ、あるいは、ヒットした本を出した「小さな出版社」のやる気のない編集者に比べ、少なくともこの仙川涼子は、「わたし」の何が良いかをはっきりと教えてくれ、これから進むべき方向を提示してくれた。傍線部「『文章』とわたしは言った。」という反応に、「わたし」のネガティブな思いを読み取ることは無理があると言えます。この時点で、①の「警戒の念を強めている」、および②の「辟易(へきえき)する思いを禁じ得ないでいる」という解釈が、的外れであることはすぐにわかります。

④については、「それ（＝短編集のアイデア）はやはり忘れようにも忘れられないものなのであり」という箇所が本文からは読み取れない内容です。また⑤も、「以前からひそかに自分でもそう思っていた」という内容が、やはり無根拠です。

となると、正解は残りの③であると結論されるわけですが、「自分でも思いもよらなかった自身の作品の長所を教え」てもらって「驚く」という記述について、どう根拠をとればよいか迷った人もいるかもしれません。が、ここは、傍線部自体を参照すればよい。相手の言葉に対して、それをそのまま口にするとき、人はしばしば相手の言葉への驚きを表明しているのではないでしょうか。また、「まだうまく仙川の真意を飲み込めないところもあり、早く次の言葉を聞きたいと思っている」という内容についても、相手の言葉をオウム返しに繰り返す際の、人間の定型的な心情であるはずです。何かしらの言動をとる際の、そこに反映される人間の一般的な心情についてしっかりと考えることも、大切な解法となります。

問6 【本文の表現や展開について分析する問題】 19 ① ／ 20 ①

まずⅠについてですが、①に関しては、確かに本文中の「わたし」のせりふには、「ようわからん」(14行目)、「あいつは、なんやねん」(44行目)等、「方言」の使用を確認することができます。そうした記述のあり方が、登場人物である「わたし」が抽象的な人間ではなく、具体的に存在する実際の人間であるという印象を与えることにつながりますから、「物語にリアリティをもたらす一助」という分析も間違っているとは言えません。①が正解です。

②は「せりふはすべてカギ括弧で示されており」という箇所が誤り。地の文に挿入され、「——」でせりふを受ける叙述も見られます(「なんやねんなあいつは——」46行目)。③は「自己を冷静に捉える」が誤り。「ぐつぐつと音をたてて」は、相当な「怒り」を表現しています。④は比喩的・誇張的な表現を「科学的な知見」と言ってしまっている点がまずい。⑤は、「世間の風潮におもねる芸能人」という指摘が無根拠です。

次にⅡですが、空欄に続く対話を追いかけていけばわかるように、ここでDさんが主張しているのは、「『わたし』の作家としての挫折」や「立ち直り」という物語の展開上で「鍵」となる、「『わたし』以外の二人の登場人物」についての分析であるはずです。もちろん、「挫折」をめぐるキーマンが男性編集者、「立ち直り」をめぐるキーマンが仙川涼子ということになります。①が正解です。

②は「時系列によりそった記述」という点が誤り。最初の場面は「今」で、次から過去の回想に入ります。③は「複数の人物の内面を詳細に描き分ける」が不適。語り手は「わたし」なので、描かれる「内面」は、「わたし」のそれに限定されます。④は「起きた出来事をひたすら客観的に描く」が間違い。「わたし」の内面、すなわち主観、心の動きは、この作品を構成する主要な要素となっています。⑤は「回想シーンのみで構成される」という指摘が不適。最初の場面の時制は「今」です。

予想問題・第3回 解答・解説

100点／40分

→解答：*p*.80
→解説：*p*.81

予想問題・第3回　解　答

問題番号(配点)	設　問	解答番号	正　解	配　点	問題番号(配点)	設　問	解答番号	正　解	配　点
第1問(50)	1	1	2	8	第2問(50)	1	7	2	3
	2	2	5	8			8	4	3
	3	3	1	8			9	5	3
	4	4	2	8		2	10	3	7
	5	5	4	9		3	11	4	8
	6	6	5	9		4	12	2	8
						5	13	1	9
						6	14	5	9

第1問　論理的な文章　標準

本文解説

まず冒頭の段落で確認できるように、本文は、「伝統的言語学」と「認知言語学」を対照し、そのうえで前者を批判するという立場をとっています。伝統的言語学は論理学に依拠しているが、そもそも論理学を使う意味論には限界がある、と。

ボブとサムの「冗談話」を引用した後で、まさに、「日常的な言葉には古典的な意味論では扱えない例外が少なくない。言葉はあまり『論理的』ではない」と明言していますね？　そしてその具体的な例証として、**「図1**　イスとタバコの絵」が引用されるわけですが、

論理の世界…「XがYの左にある」＝「YはXの右にある」

⇔

言語の世界…「タバコがイスの右にある」≠「イスがタバコの左にある」

というこの対照は、かなりわかりやすい。つまり、「論理」と「言語」は必ずしも合致せず、したがって、「論理学」に「依存」する「伝統的言語学の意味論」には「限界がある」、と。

では、なぜ〈「タバコがイスの右にある」≠「イスがタバコの左にある」〉となってしまうのか？

それは、「わたしたちが単純な空間論理のみで言葉を使っているわけではないから」であり、「多様な人間的ものの見方が関与しているため」であるから。簡単に言ってしまえば、

分析編　解答・解説編　共通テスト・第1日程　予想問題・第1回　予想問題・第2回　予想問題・第3回　予想問題・第4回

わたしたちの言語実践は、「人間的なものの見方」に拠っている。したがってそれは、純粋な意味での「論理」とは合致しない。

ということです。**図2**ではその「人間的なものの見方」のこと、つまりそれが関与する「意味」のことを、「概念化」と表現していますね。さらに**図2**が引用されるページの最後の段落では、それを「ヒトのとらえ方というフィルター」とたとえています。「意味」はこの「フィルター」を通じて初めて解釈されるのであり、逆に言えば、それは客観的な論理として「外界」に存在しているわけではない。そしてそのような〈主観〉的なフィルターを通している以上、**図3**の事例が示すように、「ひとつの事態を解釈する方法は無限にある」と言えるわけですね！

最後に筆者は、とても興味深い事例「This beautiful woman was my boyfriend.（この美しい女性はわたしのボーイフレンドだった。）」という文言をめぐるエピソードを紹介します。

この、「厳密な論理に従うならこのような文はありえない」はずの文は、実は、〈魅力的な女性だと思って眺めていた相手が、実は女装をした自分のボーイフレンドだった〉という文脈において用いられた、実際の言語使用の例だった。ここではまさに、

論理的に矛盾する文がこの文脈ではまったく自然である。

わけです。

「話者・書き手」が「その対象を女性としてのイメージで」とらえていれば、現実世界で「非男性」という「素性」をもっていなくても、「女性」と表現してまったく問題ない。すなわち、

言葉は話者・書き手のとらえ方の表現に過ぎない。

ということですね。

以上を踏まえるなら、この文章の大意は、

伝統的言語学の意味論は、意味の所在を外的な「論理」に求めてきたが、その考え方には限界がある。意味とは「ヒトのとらえ方というフィルター」を通じて概念化、解釈されるものであるからだ。認知言語学は、その点をこそ追究していく学問である。

などとまとめることができるはずです。

設問解説

問1 【本文に引用されたたとえ話と本文の地の文との相関性を分析する問題】 1 ②

まずは傍線部のセリフがボブの言葉である点を確認しましょう。そして次の段落に、

ボブの態度＝従来の言語学……探しているもの（答え）がないのに探しやすいという理由で探す場所を選ぶ態度

と明言されています。つまりこの「探しているもの（答え）がないのに探しやすいという理由で探す場所を選ぶ態度」という内容を、「従来の言語学」すなわち「伝統的言語学の意味論」の文脈で言い換えている選択肢

が正解となるわけです。

ここで、冒頭の一続きの2文を見てみましょう。

伝統的言語学の意味論は論理学に大きく依存しているのがわかった。もちろん論理学を使う意味論には一定の有効性があることは確かだが、認知言語学は論理学を使う意味論には限界があると考える。

とあります。つまりは、「伝統的言語学」は「論理学」に言語の「意味」を見出そうとしてきたが、その方法には「限界がある」ということ。この情報を先ほど拾った根拠に反映させるなら、

言語の意味などはそこ（論理）にはないのに、扱いやすいという理由で論理を選ぶ態度

とまとめることができます。この点にしっかりと言及できている、②が正解となります。

①は、本文との間に内容の食い違いはありませんが、問いに答えていないので不正解。③は、伝統的言語学と認知言語学との差異を比較するこの文脈においては不適な内容。④は「いっさいの有効性をもたない」が誤り。2文目で、「論理学を使う意味論には一定の有効性があることは確かだが」と、譲歩的にではあれ、一応はその意義も認めています。⑤は「伝統的言語学は、他者との対話のなかに論理の所在を想定し」という箇所が間違い。この文章は「他者との対話」という観点からは言語を扱っていません。

問2 【図と本文との対応関係を確認する問題】 2 ⑤

図1が対象とする本文記述は、明確には限定できませんが、おおむね、「日常的な言葉には古典的な意味論

では扱えない例外が少なくない」という一文から始まる段落から、「客観世界ではタバコとイスは平等である」で始まる段落までです。この範囲から、各選択肢の内容に該当する記述を探し出し、その一致不一致を確認する地道な作業を行います。その際もちろん、「**誤りを含むもの**」という設問条件を見過ごすことのないように気をつけましょう！

まず①については該当範囲の冒頭、「日常的な言葉には古典的な意味論では扱えない例外が少なくない。言葉はあまり『論理的』ではない」という記述と合致します。よって正解としては不適。

②は、**図1**の登場する直前の段落に記述されている「論理の世界では…」から始まる一文の内容と完全に一致しますね？　それゆえこれも、不正解ということになります。

③についてはどうでしょうか。英訳された二文である(a)・(b)の引用直後の段落に、「日本語と英語だけではない。『タバコ』と『イス』のどちらでも自由に主語にできる言語はひとつも見つかっていない。いかなる言語の話者も**図1**を『イスがタバコの左にある』と表現するのは不自然と判断する」とありますから、まさに「論理的に等価であるはずの二つの文が言語的に換言不可能である事例は、あらゆる言語に認められる」わけです。内容的に正確な説明になっていますから、正解にはなりません。

④は該当範囲の後ろのほうにある、「それはわたしたちが単純な空間論理のみで言葉を使っているわけではないからである。多様な人間的ものの見方が関与しているためである」という記述と一致します。したがって、不正解。

⑤は、「差別的」という概念を「難点」としてとらえ、それを「対象化」する必要を訴えている点が誤り。確かに本文の該当範囲最後の段落に「ヒトの認知は差別的である」とありますが、ここでの「差別的」は、いわゆる〈男女差別〉とか〈人種差別〉などの〈差別〉を意味しているわけではありません。それは、「ヒトの認知的原理に支配されている」以上、わたしたちの認知は対象を客観的には把握しない、と言っているだけで

す。その点を一般的な意味の〈差別〉に置き換えてしまっているこの選択肢が正解ということになります。

問3 **【図と本文との対応関係を確認する問題】** **3** ①

上段（＝X）のほうは「客観世界＝意味」ととらえ、それと「言葉」が直接につながっています。逆に下段（＝Y）に関しては、「客観世界」と「言葉」とのあいだに「概念化」という作用があり、それが「意味」を生むという構造が確認できます。ここに、**図2**を紹介する一文の直後の段落に書かれている

古典的意味論では意味は客観世界にあると考える。認知言語学では意味は概念化にあると考える。

という内容を参照するなら、

X＝古典言語学→意味＝客観世界

⇔

Y＝認知言語学→意味＝概念化

という対照性は明らかですね？　あとは、「客観世界」の言い換えが「外界」であることに気づければ、素直に①を選ぶことができるはずです。

問4 **【図と本文との対応関係を確認する問題】** **4** ②

図3を紹介する一文（「つぎの絵（**図3**）を見よう」）の前の段落に、

ジャーナリズムの世界では100パーセント客観的な報道はないと言われる。

とあり、さらには、対象を見る際には、「ジャーナリストや歴史家」の「とらえ方が反映される」ともあります。つまり、〈人間は対象を見る際に、客観的に見ているわけではない。そこには必ずそれを見るものの主観が反映されることになる〉ということがわかりますね。

そしてこの後は、**図3**を紹介する一文の次の段落を確認してみましょう。するとそこには、

ひとつの事態を解釈する方法は無限にある。

とか、

これら2つの表現が表す「事実」は同じだが話者の解釈に違いがある。

などの記述があります。要するに、**図3**を含む文脈で筆者が主張しているのは、

同一の対象であっても、人は主観を通してそれを見ることになるのだから、それを見る人間の数だけ解釈が成り立つ

ということなのですね。

ここで選択肢を確認すると、①は「雨」について、③は「落ち葉」について、④は「マルクスの思想」につ

いて、そして⑤は「戦争の終結」について、それぞれ〈同一の対象についての、異なる人間における解釈の差異〉に言及できています。つまりこれらは本文内容と合致していますから、「**誤りを含むもの**」という設問の条件を満たしていません。

逆に②は、たとえ見え方の違いについて言及できていても、見るという行為の主体の対比が「チョウ」と「人間」とのそれになってしまっています。**図3**を含む文脈で話題となっている解釈者はあくまで人間ですから、この対比はおかしいということになります。そもそも、**図3**を紹介する一文の前の段落に「言語というフィルターを通して語られる」、あるいは**図3**を紹介する一文の次の段落に「表現」とあるわけですから、〈言語を用いた表現〉という話題に鑑み、言語を持たない「チョウ」を持ち出すのは不適当であると判断できます。したがって、この②が「**誤りを含むもの**」、すなわち正解です。

問5 【引用文と本文との対応関係を確認する問題】 **5** ④

英文を引用するページの最後の段落に、

これは**異常**な**文**である。woman は［－MALE］（＝非男性）であり boyfriend は［＋MALE］（＝男性）だから、**厳密**な**論理**に**従**うならこのような**文**はありえない。

とあります。要するに、〈女性である woman と男性である boyfriend とをイコールの関係で叙述するなんて、論理的に考えればありえない！〉ということですね。

ところが具体的な状況についての引用後、筆者は、論理的に矛盾する文がこの文脈ではまったく自然である。つまりwomanの指示対象が現実世界で［－male］（非男性）という素性をもつ必要はなく、話者・書き手がその対象を女性としてのイメージでとらえたかどうかが問題である。

と述べている。つまり、〈現実存在としては男性であったとしても、話者がそこに女性のイメージを見たなら、対象を女性として表現してかまわない〉ということ。すなわち、〈論理的には矛盾した文も、発話者の主観によっては自然に成り立つ〉ということになりますね。正解は④。

問6 【本文内容を土台として、推論する問題】 6 ⑤

荘子（そうし）のいう「善悪や美醜等の観念はあくまで人間的な価値づけに過ぎず、それを相対化し、あるがままの世界を受け入れることが大切だ」という考え方は、

前提…善悪や美醜等の観念＝人間的な価値づけに過ぎない

帰結…それを相対化し、あるがままの世界を受け入れることが大切だ

という論理構造をとっています。そして、本文解説やここまでの設問解説を踏まえるなら、この〈善悪や美醜等の観念＝人間的な価値づけに過ぎない〉という〈前提〉については、まさに、認知言語学が唱える認知プロセスのあり方（＝人間的なものの見方が認知のありようを決める）と合致するとわかりますね？
ただし〈帰結〉の部分に関しては、認知言語学がそれを肯定するか否定するかは、本文内容からは類推でき

ません。むしろ常識的に考えるなら、言語学が科学的な学問であり宗教や道徳ではない以上、そのような考え方に賛同するかどうかははなはだ怪しい。すなわち予測される結果は、

〈善悪や美醜等の観念＝人間的な価値づけに過ぎない〉という〈前提〉については正しいが、〈それを相対化すべきだ〉という〈帰結〉については認められない（あるいは判断を保留する）。

といった内容になるはずです。この時点で、⑤が正解であることがわかります。

①から④の選択肢はすべて、右の分析と矛盾するか、あるいはそれを踏まえていない内容になってしまっています。

第2問 文学的な文章 標準

本文解説

まずは、エッセイ「ある〈共生〉の経験から」の内容を確認していきたいと思います。

3段落の書き出しでわかるように、筆者はアジア・太平洋戦争における日本の敗戦まで、満州にいた人物です。そして、「ソ連軍に抑留」されて、「収容所」へ送られる。そこでの「未曾有の経験」を、淡々と、しかしながら強い筆致で語っていく、非常に重たい主題のエッセイになっています。

まず筆者は、種々の要因で自分たちに「栄養失調の徴候」があらわれ始めたあたりから、

この収容所に独特の、一種の〈共生〉ともいうべき慣習（5段落）

が生まれたと語ります。そこには「一人ではとても生きて行けないという抑留者自身の自覚」があったのですが、そのような「自覚」を背景として生まれた「共生」は、具体的には、

Ⅰ・食事の分配方法
Ⅱ・良質な工具の確保

という文脈で機能しました。ですが、それは「共生」という概念から一般的に類推されるような、ポジティブなイメージのものではありません。たとえばⅠの場合など、まず二人一組で飯盒（はんごう）を共有するのですが、そこに

盛られた限られた食べ物が二人に均等に配分されるよう、その分配作業は、異常なまでの緊張のもとで遂行されることになる。そこには、生ぬるい「共生」などはありません。ただひたすらに、「敵意や警戒心」があるだけなのです。そしてさらにⅡのケースでは、

食事のときあれほど警戒しあった二人が、ここでは無言のまま結束する（9段落）

わけです。結局筆者たちは、「ただ自分ひとりの生命を維持する」ために、「相対するもう一つの生命の存在に、『耐え』なければならない」と考えるようになる。つまり彼らにとっての「共生」とは、

人間を憎みながら、なおこれと強引にかかわって行こうとする意志の定着化の過程（11段落）

であり、

人間はすべて自分の生命に対する直接の脅威として立ちあらわれる。しかもこの不信感こそが、人間を共存させる強い紐帯である（11段落）

という認識に至ることになるのです。

端的にまとめるなら、筆者が強制収容所で経験した「共生」とは、

他者が自分ひとりの生命を維持するうえでの脅威として立ち現れてくるときに生じる不信感ゆえの共存ということを言っているのですね。

設問解説

問1 【語句の意味を答える問題】 7 ② ／ 8 ④ ／ 9 ⑤

第2回試行調査問題の【文学的な文章】においては、これまでのセンター試験の小説と同じく、〈語句の意味を問う問題〉が出題されました。そして、実際の共通テストにおいても、第1日程、および第2日程ともに、語句の知識が問われました。まずはその語句の辞書義を考え、それでも判断できない際には文脈を確認する。これが基本です。

(ア)「便宜的」は〈都合のよさのために、とりあえず間に合わせでするさま〉という意味。正解は②。(イ)「未曾有」は、〈いまだかつて起こったことがない〉という意味。正解は④。〈未だ曾て有らず〉という漢文書下しで覚えておきましょう。(ウ)「せんじつめれば」は、〈行きつくところまで徹底的に論じる〉という意味の〈せんじつめる〉を軸とした表現。正解は⑤です。

問2 【複数のテクストを参照し、その対応関係を分析する問題】 10 ③

波線部Xは、直接的には、「理解しあい、手をにぎりあうこと」および「にくみあい、ころしあうこと」という内容を指しています。そして、「食罐組」を具体的な文脈にとるなら、後者すなわち「にくみあい、ころしあうこと」の「にくみあい」の方を「決定的なかかわりあい」と言っていることは、すぐに判断できるはずです。絶対的な食糧不足の状況において他者と食事を共有する際の、「はげしい神経の消耗（7段落）」、「敵意や警戒心（8段落）」やその現れとしての「分配が行なわれているあいだ、相手は一言も発せず分配者の手許をにらみつけている（7段落）」などの記述を参照しましょう。正解は③です。

①は「他者と分かり合う道を模索する」という箇所が、「敵意や警戒心」という本文内容と正反対。②は6段落の「親しい者と組んでも嫌いなものと組んでも、おなじこと」という記述と矛盾します。④は「警戒」のその先の展開にまで言及してしまっている時点で誤り。波線部はあくまで、「にくみあい」を指しています。⑤は「互いの信頼を損ねないようにするために」が不適。そこにあるのは徹底した「敵意や警戒心」であり、むしろ「信頼」とは対極の心理状態です。

問3 【波線部の内容を文脈から解釈する問題】 11 ④

波線部には「無我」とあるので、〈自己を滅却した状態〉といった内容を類推した方も多かったかもしれません。しかし、ここはあくまで「ほとんど無我に近い」と言っているわけであって、「無我」そのものの状態ではないはず。むしろ、続く叙述に、「相手にたいする完全な無関心」、「世界のもっともよろこばしい中心に自分がいるような錯覚」、「完全に相手を黙殺したまま、『一人だけの』食事」とあるように、〈他者の存在を黙殺し、自分ひとりだけの世界にひたっている状態〉を言っているとみなせます。それを、「ほとんど無我に近い」という裏腹な表現を比喩的に用いることで、逆に誇張、強調しているのだと考えられます。正解は④です。

①は、〈他者の存在を黙殺〉という本文の記述と矛盾。②は、「宗教的な真理を悟り」が不適。「無我」という語の一般的な意味に引っ張られるとこれを選んでしまうかもしれませんが、今回この文章の当該箇所が〈宗教的な悟り〉を主題としていないことは明らかです。③は「絶対的な自己を確立」が誤り。「世界のもっともよろこばしい中心に自分がいるような錯覚」とあるように、その感覚はあくまで「錯覚」に過ぎません。⑤は、この状況が「人間にとっての真の幸福」ではありえないことは、言うまでもありません。

問4 **【複数のテクストを参照し、その対応関係を分析する問題】** 12 ②

「人間は孤独である時、最も他人を意識する」という**【警句】**と、**【エッセイ】**「ある〈共生〉の経験から」との対応関係を確認する問題です。まず、本文解説の最後にまとめた、この文章における「共生」の概念を、もう一度引用しておきます。

他者が自分ひとりの生命を維持するうえでの脅威として立ち現れてくるときに生じる不信感ゆえの共存

この、「自分ひとりの生命を維持する」という視点が、**【警句】**のいう「孤独」であると判断できます。実際に収容所の人々は、「相手にたいする完全な無関心」を前提に、「世界のもっともよろこばしい中心に自分がいるような錯覚」の中で、「完全に相手を黙殺したまま、『一人だけの』食事」をとるのです。つまりは、徹底した「孤独」の意識の中で、「自分ひとりの生命を維持するため」に、食事をとる。

そしてその時、「もっとも近い者」すなわち他者は、「最初の敵」として認識されます。言い換えれば、「自分の生命に対する直接の脅威」として。しかし、「この不信感こそが、人間を共存させる強い紐帯（ちゅうたい）である」わけですね。このプロセスが、**【警句】**Aの「最も他人を意識する」という内容に対応することが分かれば、ここは消去法に頼らず、ズバリ正解の②を選べたはずです。

問5 **【複数のテクストを参照し、その対応関係を分析する問題】** 13 ①

【警句】Bにおける「孤独」や「一人」などは、**【エッセイ】**を参照するなら、〈他者が自分ひとりの生命を維持するうえでの脅威として立ち現れてくるとき、そこから生じる不信感ゆえに、逆に共生という状況が生まれる〉という【エッセイ】の主題とかかわってくる概念であると解釈できます。ただし、【エッセイ】において語られる「孤独」は、それ自体はポジティブな意味を持ってはいませんでした。ところがこの【警句】では、「ちからづよい」あるいは「しっかりと一人で立てる」など、明らかにポジティブな含意を持っています。

ここで注意したいのは、【エッセイ】の記述が収容所に抑留された日々に即したものであったのに対して、この【警句】は、「一九六三年以後」に書かれた言葉であるということ。

つまり筆者は、かつて極限的な体験から得た知見を、長い年月を経て、肯定的な内容へと読み替えることに成功した、あるいは、そこまでは言えないにしても、読み替えようと試みてきたわけですね。正解は、①です。

②は、「まったく別個の思想」が不適当。その言葉の持つ意味は読み替えられても、【警句】の思想とかつての体験は、「孤独」をキーワードとしてつながっています。③は、「破滅衝動」が誤り。【警句】はポジティブな内容になっています。④は、「今ある世界の解体」という内容が、【エッセイ】本文からも【警句】からも読み取れません。⑤は、「辛苦の大切さ」が不適当。【エッセイ】を参照するなら、「辛苦」とは収容所内での非人間的な生活を意味しますが、その「大切さ」と言ってしまうと、まるで収容所でひどい扱いを受けることが大切であるかのようになってしまいます。これは常識的に考えても、ありえないはずです。

問6 **【本文の表現について分析する問題】** 14 ⑤

「誤りを含むもの」という条件に注意。

①は、1段落に示された「せっぱつまったかたち」や「連帯のなかの孤独」という内容がその後の記述において具体化されてゆく展開に鑑みて、内容と一致しており、問題ない選択肢だとわかります。よって、不正解。なお、「具体例もまじえつつ」という箇所については、「イソギンチャク」についての言及を参照。

②は、「詳細かつ克明な描写」は問題ないですし、かつ、それが「緊張感とリアリティ」を生むという因果

関係についても、常識的に考えてそういえるはずです。よって不正解。

③は、該当する「一人だけの」という表現は、実は周囲に他の人間たちがいるわけで、文字通り「一人だけの」という状態であるわけではない。つまり辞書義とずらしての使用であることがわかります。よって正しい指摘になっているので、不正解。

④は、後半は問題なし。「抑制の効いた文体」という指摘が気になりますが、確かに高ぶる思いを激白するような箇所はないので、間違いとまでは言えません。⑤との相対評価になりますが。おそらくはこれも問題ない、つまり不正解です。

⑤は正解。「客観的に描写」とありますが、筆者はしばしば、「大へんな仕事で」（7段落）、「安堵（あんど）感」「敵意や警戒心」「恍惚（こうこつ）状態」（以上3点は8段落）など、当時の自分たちの〈内面〉について、主観的に言及しています。

予想問題・第4回 解答・解説

100点／40分

→解答：*p*.100
→解説：*p*.101

予想問題・第4回　解　　答

問題番号（配点）	設　問	解答番号	正　解	配　点	問題番号（配点）	設　問	解答番号	正　解	配　点
第1問（50）	1	1	2	3	第2問（50）	1	12	4	3
		2	4	3			13	1	3
		3	1	3			14	5	3
		4	3	3		2	15	3	7
		5	5	3		3	16	4	8
	2	6	5	5		4	17	5	8
	3	7	1	7		5	18	5	9
	4	8	4	4		6	19	2	9
		9	3	4					
	5	10	2	7					
		11	4	8					

第1問　論理的な文章　標準

本文解説

まずはハーバーマスの述べる二つの「公共性」について整理しましょう。

文芸的公共性……文芸作品等をコミュニケーションの媒体として、共にこれを享受し、議論することによって成立した「市民的な読書する公衆」を基盤とする「公共性」

政治的公共性……文芸的公共性を基盤にして生み出される、政治的機能をもつ公共性

となります。ちなみに「公共性」とは、〈市民たちが対等の立場で意見を交わし合うことで形成される市民の総意、あるいはそれを形成する場〉のこと。ハーバーマスは、まずは文学作品をめぐる意見交換などを経てそういった場が醸成され、そしてその先に、〈市民たちの政治的合意〉を生み出す場としての政治的公共圏が形成されることになる、ということを論じた社会学者であり、哲学者です。

そしてこの文章の主題として大切なのは、2段落以降で明らかにされるように、日本においてもそのような「文芸的公共性」が形成されたという事実でしょう。さらに筆者は、森鷗外の「史伝」に焦点化し、それこそがまさに、日本に育まれた「文芸的公共性」を丹念に調査し、作品化したものであると主張します。

5段落以降は、そのような鷗外の「史伝」に対する、相反する評価が対照されていきます。それは端的に整理するなら、

【「史伝」の価値を、題名として掲げられた個人の優劣に帰着させる者】

⇔

【「史伝」の価値を、題名として掲げられた個人の優劣に帰着させない→文芸的公共性に着目する者】

という対比です。つまりは、そこに描かれる人物の優劣にこだわるタイプと、こだわらないタイプと。

前者のタイプは、基本的に、「史伝」を低く評価します。なぜなら、そこに描かれた人物は、必ずしも偉大な人物ではないからです。そのような「史伝」批判派の代表者として、和辻哲郎が紹介されていますね。

逆に後者のタイプは「史伝」の価値を認めることになるわけですが、その代表格が、尾崎秀實（おざきほつみ）。たとえば彼は、

この人〔北条霞亭〕は特に傑出したといふのではなく、ごくまじめな一学徒の一生です。（9段落）

と「史伝」中の人物が必ずしも優秀な人間ではないことを認めつつも、「獄中で差し入れられた鷗外の『北条霞亭』を愛読」しているのですから。まさに尾崎は、「身分制に基づく縦の形式的コミュニケーションではなく、学芸を媒介とする横の実質的コミュニケーション」（11段落）が行われる場としての「文芸的公共性」、あるいはそれを主題とする鷗外の「史伝」の価値を、正確に理解する人物であったというわけですね。

設問解説

問1 【漢字の問題】 1 ② ／ 2 ④ ／ 3 ① ／ 4 ③ ／ 5 ⑤

(ア) 正解は「庶民」。「庶務」と書く②が正解。①は「処世」、③は「所感」、④は「書斎」、⑤は「諸般」。

(イ) 正解は「気鋭」。「鋭敏」と書く④が正解。①は「経営」、②は「衛生」、③は「遺影」、⑤は「栄進」。

(ウ) 正解は「慨嘆」。「嘆息」と書く①が正解。②は「単調」、③は「負担」、④は「探訪」、⑤は「胆力」。

(エ) 正解は「著名」。「名案」と書く③が正解。①は「命脈」、②は「銘記」、④は「共鳴」、⑤は「迷信」。

(オ) 正解は「連載」。「千載」と書く⑤が正解。①は「催促」、②は「再起」、③は「宰相」、④は「異彩」。

問2 【本文中のキーワードについて、その理解を問う問題】 6 ⑤

「**誤りを含むもの**」という条件に注意しましょう。

①は、1段落に紹介されるハーバーマスによる定義に合致します。よって不正解。

②は、これも1段落中の「これが政治的機能をもつ公共性の前駆をなす文芸的公共性なのである」という記述や、2段落冒頭の一文中の、『政治的公共性』の前駆としての『文芸的公共性』」あたりの内容から、正確な説明であることがわかります。よって不正解。

③は、2段落以降の話題と合致します。これも不正解です。

④は、最終段落冒頭の一文の内容と合致します。やはり、不正解です。

⑤は、正解。最終段落の記述を参照すればわかるように、「文芸的公共性」において為されるコミュニケーションは、「縦」のものではなく「横」のものです。

問3 【傍線部の理由を分析する問題】 7 ①

傍線部に続く5段落の叙述を読めばわかるように、ショウペンハウエルは「著作がもたらす退屈」を、

客観的（な退屈）↓原因＝著者

⇔

主観的（な退屈）↓原因＝読者

と分析しています。そして後者、すなわち〈読者が原因である主観的な退屈〉の方のみ、

読者がその主題に対して関心を欠くために生れて来る。しかし関心をもてないのは読者の関心に何か制限があるためである（3行目〜4行目）

と具体化されます。この時点で、筆者がショウペンハウエルの考え方の後者（＝主観的退屈）に着目していることは明らかですね？　つまりは、〈読者が狭い範囲にしか興味を持てない人間だから、その作品にも関心を持てない。だからその作品を退屈に感じるのである〉ということですね。そしてその説明の直後に、「史伝」に「失望」した人間の具体例として、和辻哲郎が挙げられます。すなわち、和辻に代表されるような、〈「史伝」に「失望感（あるいは退屈感）」を覚えるような人間〉というのは、まさに後者、〈狭い範囲にしか興味を持てない人間だから、その作品にも関心を持てない。だからその作品を退屈に感じる〉ような「読者」だというわけです。このような「退屈」を踏まえている選択肢は、①です。

②は、原因を「著者」と「読者」の双方に求めてしまっている時点で誤り。③は、原因を「著者」のせいにしている点が、右の分析と矛盾します。④は、これも、「扱われる題材」のせい、すなわち「著者」の側にその責任をかぶせてしまっています。⑤は、本文からはまったく読み取れない内容ですね。

問4 【本文全体の対比的関係を分析し、表を作成する問題】 8 ④ ／ 9 ③

和辻哲郎が鷗外の「史伝」を評価しなかった人間であることは、問3の解説で確認しました。そこで空欄Xには①を入れたくなりますが、ただ石川淳は鷗外の「史伝」を評価しているので、残念ながら入れられません。

では、和辻と石川の共通点は、どこにあるのでしょうか？

まずは、以下の和辻の言葉を引用してみます。

彼の個人としての偉大さも文化の象徴としての意義も、先生のあれだけの労作に価するとは思へない（6段落）

次に、石川についての筆者の言及を。

「史伝」の各作品の文学的価値が各作品の題名となった各個人の人格的価値（さらに学者的価値）に還元されているのです。（7段落）

両者は、かたや「史伝」を評価せず、かたや「史伝」を評価する、という点で対立はしていますが、しかし実は、〈扱われる人物の優劣にその作品の価値を求める〉という点では共通しているわけですね。この時点で、空欄Xには④が入るとわかります。すると、この選択肢④と対となるのは選択肢③なわけですから、おそらく空欄Yには③が入ることになりますね？

一応、確認しましょう。まず、尾崎秀實は、本文解説でも触れた通り、「この人〔北條霞亭〕は特に傑出したといふのではなく、ごくまじめな一学徒の一生です」と「史伝」中の人物が必ずしも優秀な人間ではないことを認めつつも、「獄中で差し入れられた鷗外の『北條霞亭』を愛読」している人物です。そしてこの文章においては〈扱われる人物の優劣にその作品の価値を求める〉態度と対照されるのが〈その人物が属する文芸的公共性に着目する〉態度なわけですから、まさに尾崎は、選択肢③のようなスタンスを象徴する人物であるということがわかる。この「文芸的公共性」を重んじる尾崎のあり方は、尾崎の、

その頃の読者層の教養の高さが一面うかゞはれます（9段落）

という言葉からも解釈できます。

ただ、宇野浩二や正宗白鳥については、そのようなスタンスを持つ尾崎を評価したとあるだけで、必ずしも尾崎同様の考え方をもっていたとは言い切れないかもしれません。けれども、①は絶対に空欄Yには入らないですし、②も「留保付きで」が誤りです。また、⑤、⑥については、対象を「小説家」に限定してしまっている以上、空欄Yに入れるわけにはいかない。尾崎はジャーナリストであり、「小説家」ではないのですから。答えは、空欄Xが④、空欄Yが③です。

問5　(i)　**【複数のテクストを関連付けて分析する問題】**　10　②

空欄の直下に、「という理念」とあるのに着目しましょう。「理念」とは、〈物事がどうあるべきかということについての根本的な考え方〉という意味の語。この時点で、単にSNSの利用率の推移を示しているだけの**【資料Ⅱ】**は、この問題の根拠にはならないとわかります。選択肢④の年代別に至っては、そもそも**【資料Ⅱ】**からは読み取れない内容です。

というわけで、【資料Ⅰ】から「理念」として解釈される内容を吟味することになるのですが、選択肢①も②も、両方とも【資料Ⅰ】に書かれてあることですし、かつ、「理念」として解釈もできます。ここは【会話文】の文脈を、もう少し詳しく見ていく必要がありますね。

そこで空欄直前の、松島さんと中村さんのセリフを整理してみると、

市民が対等な立場で話しあって、何かしらの意見をまとめていく
＝
市民全員の総意（の形成）
⇓公共性

という内容が把握できます。さらに空欄を含む松島さんのセリフ全体を確認すると、

「市民が対等な立場で話しあって、何かしらの意見をまとめていく」すなわち「市民全員の総意」を形成していくためのシステムとしての「公共性」
＝
□という理念を実現するために必要なこと

と整理できます。ここで、正解は②であると判断したい。なぜなら、「国民の代表者」を「選挙」することができる大前提は、〈国民の総意が（ある程度は）形成されている〉ことだからです。国民が皆ばらばらの方を向いていたならば、その中から数的に限定された「代表者」を選ぶことなど不可能ですからね。

(ii)　**【複数のテクストを関連付け、推論する問題】** 11　④

さきほどの問5(i)の分析で、空欄には**【資料Ⅰ】**と関連する内容が入ることを確認しました。ここがブレなければ、波線部の分析に参照すべき「もう一つ」の資料が**【資料Ⅱ】**であることは、自動的に決まります。よって正解は③か④かいずれかになるわけですが、**【文章】**の主題や**【会話文】**のここまでの流れに鑑みるなら、〈SNSの普及と「公共性」〉とを関連付けようとしていることは明らか。答えは④です。

第2問 文学的な文章 標準

本文解説

詩「病い」については設問解説で細かく触れていきます。ここでは主に、エッセイの分析をしてみたいと思います。

まず1段落冒頭の「最後の入院」という言い方で、村上昭夫（詩「病い」の作者）は、このエッセイが著された時にはすでに他界していることが示唆されています。少しだけ詩「病い」についても言及するなら、すなわち詩「病い」によって描かれる病気は、不治の病、詩人を死に追いやった病であったことも判断できますね。ともあれ詩人は、そのような死の淵に立たされながら、それでも、「死へ対決する」（2段落）生き方を貫こうとする。

誰もついて来てはいけない／ぼくはそれと対決する
「死」、という暗く悲しく、つらい色をした、もっと強度な眼鏡をかけなおして、ふたたび耐えがたい旅に出るよりほかはない

ただしこの2段落では、詩人の対決する「死」は、「滅びではない死へと向う道」と意味づけられています。おそらくエッセイの語り手は、

村上昭夫は不治の病＝死と対決することで、「滅びではない死」、すなわち我々の一般的な死の観念を覆すような死のイメ

ージを勝ち取った。

ということを言いたいのではないでしょうか？

3段落以降の「インクのない線の痕跡」についての記述も、自らの死と対峙(たいじ)する詩人の凄絶なまでの生きざまを象徴していますね。しかしながら、詩「終りに」について言及する4段落では、「とうとうここまで来て、彼の言葉は解体寸前である」と、詩人の言葉の〈挫折〉が示唆される。けれども、「最後の発表作」であった「捨てる」の中で「私の城であった言葉を捨ててやる」ことを宣言した詩人は、それをなし得たからこそ、

そのようにして彼はいま、薄明の方からやってくる。（7段落）

この一文の意味が解釈できますか？

繰り返しますが、詩人はすでにこの世にはいないはずです。しかしながら、「彼はいま、薄明の方からやってくる」。つまり、物理的には死んでしまっている詩人が、その物理的な死を超克し、永遠の存在へと生まれ変わったことを暗示しているわけですね。まさに詩人は、〈死と対決することで、「滅びではない死」、すなわち我々の一般的な死の観念を覆すような死のイメージ〉つまりは〈永遠の生につながる死のイメージを勝ち取った〉のです。

設問解説

問1 【語句の意味を答える問題】 12 ④ ／ 13 ① ／ 14 ⑤

辞書義を参照しましょう。

(ア)「一途(いちず)な」は、〈他のことをかえりみず、一つのことに専心する。ひたむきな〉の意味。答えは④。
(イ)「虚仮(こけ)にして」は、〈あなどって。ばかにして〉の意味。正解は①。
(ウ)「ダイナミズム」は、〈活力。力強さ〉の意味。〈躍動的。動的〉の意味を持つ〈ダイナミック〉との関連で覚えておきましょう。正解は⑤です。

問2 【詩の表現技法とそれが生み出す意味について解釈する問題】 15 ③

以下の構造に気づいたでしょうか?

〈第1連・第2連〉
病む→「光よりも速いもの」を知る
→「金剛石よりも固いもの」を知る
→「花よりも美しいもの」を知る

〈第3連〉
病い=「光よりも千倍も速い光」
=「金剛石よりも十倍固い金剛石」
=「花よりも百倍も華麗な花」

間違いなく、前者と後者との間には、ある種の〈反復構造〉が認められます。ただしもちろん、それは、完全に等価な関係であるわけではない。たとえば、「光よりも速いもの」という、それ自体が何を指しているかわからない曖昧な言い方が、「光よりも千倍も速い光」と、あくまでも象徴的な表現ではあれ、直接的な言い方にずらされているわけです。この、〈曖昧な指示対象が直接的な表現へとずらされていく〉という過程に、

詩人の、世界を認知するレベルの深化

を解釈することができます。

さらに、その〈認知の深化〉を象徴するフレーズは、皆、「光よりも千倍も速い光」「金剛石よりも十倍固い金剛石」「花よりも百倍も華麗な花」、抽象化するなら〈X以上にXの本質を体現したX〉という構造を持っていることがわかる。つまり詩人の目は、〈対象とする世界のより深い本質〉をとらえているということですね。この〈認知の深化のプロセス〉を、前者と後者の間のずれをはらむ反復構造が象徴しているわけです。正解は、③ですね。

①は、右の〈認知の深化〉という分析と矛盾します。病気あるいは死をめぐる認識は、深まりこそすれ、対照的な関係になどなっていません。②は、「詩人の世界認識が崩壊しつつある」が、やはり〈認知の深化〉と相容れません。④も、「詩人の世界認識が狭められていく様子」が、同様の観点から誤り。⑤はそもそも、「第1連・第2連のまとまり」と「第3連」の「差異を踏まえた解釈」ではありません。

問3 【傍線部の内容を文脈から解釈する問題】 16 ④

「誤りを含むもの」という条件に注意。

①と②は、傍線部を含む一文中の「このダイナミズム」の具体的な指示内容（2段落全体）を説明しています。そして「このダイナミズム」は、傍線部に「通底」しているものでもある。とするならこの二つの選択肢

は、内容的に誤りはありません。よって誤りを含むものを選ぶこの問題においては、不正解です。

③は、傍線部を含む段落の内容から、正しい説明であることは明らか。不正解です。

④は、本文解説でも触れたように、詩人は自らの死に果敢に向き合っているわけですから、「諦め」という表現はふさわしくありません。そもそも、ほとんど目が見えなくなりつつも必死に詩を書こうとするその生き方に、「諦め」など感じられませんよね？　よって、これが正解です。

⑤は、3段落の「それでもなお、書こうとしつづけたものは、既成の伝達とか形とかを超えていただろう」という記述を端的にまとめた内容です。したがって不正解。

問4【複数のテクストを比較し、分析する問題】 17 ⑤

「病い」と「終りに」を比べた際、それぞれにおいて中心的に用いられる表現技法の対照性に気づくことができたでしょうか？

まず、「病い」に関して言えば、「病いは／……金剛石なのだ」「病いは／……花なのだ」「病いは／……光なのだ」「病いは／……宇宙なのだ」など、〈隠喩〉が多用されています。これに対して「終りに」では、「ようなもの」という〈直喩〉が頻出する。そしてエッセイの筆者は、この「終りに」に用いられる〈直喩〉を、

「のような」としか言えない世界

というイメージと結びつけています。すなわちエッセイの筆者は、「終りに」における〈直喩〉の多用を、その詩に描かれる「『のような』としか言えない世界」の象徴であると認識しているわけですね。この点を端的に説明する、⑤が正解です。

①は、後半が誤り。エッセイの筆者が「『のような』としか言えない世界」とその〈象徴的〉意味を解釈しているように、ここに提示される詩的対象は、「直接的」にも「単刀直入」にも描かれてはいません。

②は、「前者は客観的に、後者は主観的に」という箇所が不適。両者ともに、詩人の内面世界（＝主観）が描かれた作品です。

③は、「病い」も「終りに」も象徴性に富んだ詩であることに鑑みて、「リアリズムに徹した描写」という説明が不適であると判断できます。

④は、「そこからイメージを解釈することを一切許さない『終りに』」という指摘が誤り。エッセイの筆者は、続く叙述でそこにさまざまな「イメージ」を「解釈」しています。

問5【地の文も参照し、詩の解釈をする問題】 18 ⑤

「彼の最後の発表作」は「捨てる」という作品であり、その解釈が5段落に、そしてその引用が6段落にあるという構成を確認しましょう。

①は、5段落冒頭の「その捨て身な生き方」という記述と矛盾します。

②は、「明確な解答を提示している」という部分が、同じく5段落の「問いかけを手わたした」という解釈に合致しません。詩人は、あくまで問いを示し、それを読み手にゆだねているだけです。

③は、「言葉というものへの全幅の信頼感」が、引用された詩の中の「言葉を捨ててやる」という宣言と正反対の内容になってしまっています。

④は、詩の中に、たとえば〈「蝶」が「空を持つ」〉といったような誇張表現あるいは擬人法的な表現や、「私の城であった言葉」すなわち隠喩的な表現が用いられている以上、決して正解にはなり得ません。

⑤は、正解。少々判断に迷ったかもしれませんが、着目すべきは7段落。「そのようにして彼はいま、薄明

の方からやってくる」とありますが、この「そのようにして」という部分は、もちろん詩「捨てる」的な実践のことを指しています。つまりは、詩「捨てる」的な主題を実践することによって、詩人は、再び姿を現すのだと言っているのです。

ここで〈再び〉という言葉を用いた意味がわかりますか？

そうです。本文解説でも確認したように、このエッセイは、詩人がすでに他界した段階で書かれたものです。すなわち、「彼はいま、薄明の方からやってくる」の「いま」とは、詩人が「病い」によってすでに死んでしまっている「いま」であるわけですね。ところがそんな死んだはずの詩人が「やってくる」わけですから、選択肢中の「物理的な死を超克」あるいは「永遠性を獲得」などは、不可能な解釈ではないのですね。

問6 【複数のテクストを関連づけて解釈する問題】 19 ②

先ほど問2の分析で言及したように、詩「病い」の第1連から第3連までは、詩人が〈対象とする世界のより深い本質〉をとらえていくという、〈認知の深化のプロセス〉を主題化していました。ただし第3連に示される〈本質〉は、「光よりも千倍も速い光」「金剛石よりも十倍固い金剛石」「花よりも百倍も華麗な花」と、それぞれ「光」「金剛石」「花」という〈個別〉の事象に限定されています。ところが第4連では、それが「宇宙」全体へと普遍化されている。つまり詩人は、個々の事象の〈本質〉を個別に感得していった結果、ついには自らを取り巻く世界全体の〈本質〉を感じ取ったわけですね。

では、なぜ詩人にはそのような〈認知の深化〉が可能だったのか。

詩「病い」においては、それが具体的にどのようなレベルの病気であるのかは、いっさい示されていません。しかしエッセイを読めば、それが「死」をつかさどるような「病い」であったことがわかります。すなわち詩人は、「病い」、そしてそれが暗示する「死」を見据えることによって、そこに〈世界の本質〉を感得したわけですね。エッセイの2段落以降の記述も、それと対応した内容で表されています。答えは②です。
①は後半が、エッセイ2段落の「日常の意味では理解できないその一途な行動」という記述と矛盾。
③は前半が、エッセイ2段落に引用された「死の眼鏡」の内容と正反対。
④は「死」から「目をそらす」という指摘が、エッセイ全体から読み取れる詩人の態度とは対照的です。
⑤は「自己の固有性を霧消させることによって」という箇所が、エッセイ2段落の「村上昭夫の、それ以外のだれでもありえない人間の舞いの姿」という記述と矛盾しています。

小池　陽慈（こいけ　ようじ）

1975年生まれ。早稲田大学教育学部国語国文科卒業。同大学院教育学研究科（国語教育）修士課程中退。現在、河合塾・河合塾マナビスおよび国語専科塾の博耕房に出講（指導科目：現代文、作文）。なお河合塾および河合塾マナビスでは、テキスト作成の全国プロジェクトのメンバーも務めている。

単著に『小池陽慈の　現代文読解が面白いほどできる基礎ドリル』（KADOKAWA）、『無敵の現代文記述攻略メソッド』（かんき出版）、『14歳からの文章術』（笠間書院）。共著書に紅野謙介編『どうする？　どうなる？　これからの「国語」教育』（幻戯書房）、難波博孝編『論理力ワークノート　ネクスト』（第一学習社）。川崎昌平『マンガで学ぶ〈国語力〉―大学入試に役立つ〈読む・書く・考える〉力を鍛えよう―』（KADOKAWA）では、監修も担当。現在も、複数の出版社から原稿の依頼を受け、日々執筆に勤しんでいる。

本人名義の note（https://note.com/gendaibun）では、読書案内やオリジナル教材などを公開中。

現代文を指導する際のモットーは、「本文と誠実に向き合う」こと。「究極の解法は、筆者の主張を把握することである」という点に徹底的にこだわった指導を実践している。また、そうした読みを通じて、多くの若者たちの目が社会や世界へと開かれてゆくことに、予備校講師、参考書執筆者としての至上の喜びを感じている。

改訂版　大学入学共通テスト
国語［現代文］予想問題集

2021年 7 月27日　初版発行
2022年12月25日　再版発行

著者／小池 陽慈

発行者／山下 直久

発行／株式会社KADOKAWA
〒102-8177　東京都千代田区富士見2-13-3
電話　0570-002-301（ナビダイヤル）

印刷所／株式会社加藤文明社印刷所

●お問い合わせ
https://www.kadokawa.co.jp/（「お問い合わせ」へお進みください）
※内容によっては、お答えできない場合があります。
※サポートは日本国内のみとさせていただきます。
※Japanese text only

定価はカバーに表示してあります。

ISBN 978-4-04-605185-1　C7081

改訂版

大学入学共通テスト

国語［現代文］予想問題集

別冊

問題編

この別冊は本体に糊付けされています。

別冊を外す際の背表紙の剥離等については交換いたしかねますので、本体を開いた状態でゆっくり丁寧に取り外してください。

改訂版　大学入学共通テスト
国語〔現代文〕　予想問題集　別冊もくじ

別冊

問題編

本冊

分析編

解答・解説編

2021年1月実施

共通テスト・第1日程

100点／40分

第1問　次の文章は、香川雅信（かがわまさのぶ）『江戸の妖怪革命』の序章の一部である。本文中でいう「本書」とはこの著作を指し、「近世」とは江戸時代にあたる。これを読んで、後の問い（問1～5）に答えよ。なお、設問の都合で本文の段落に1～18の番号を付してある。（配点　50）

1　フィクションとしての妖怪、とりわけ娯楽の対象としての妖怪は、いかなる歴史的背景のもとで生まれてきたのか。

2　確かに、鬼や天狗（てんぐ）など、古典的な妖怪を題材にした絵画や芸能は古くから存在した。しかし、妖怪が明らかにフィクションの世界に属する存在としてとらえられ、そのことによってかえっておびただしい数の妖怪画や妖怪を題材とした文芸作品、大衆芸能が創作されていくのは、近世も中期に入ってからのことなのである。つまり、フィクションとしての妖怪という領域自体が歴史性を帯びたものなのである。

3　妖怪はそもそも、日常的理解を超えた不可思議な現象に意味を与えようとするミン(ア)ゾク的な心意から生まれたものであった。人間はつねに、経験に裏打ちされた日常的な原因—結果の了解に基づいて目の前に生起する現象を認識し、未来を予見し、さまざまな行動を決定している。ところが時たま、そうした日常的な因果了解では説明のつかない現象に遭遇する。それは通常の認識や予見を無効化するため、人間の心に不安と恐怖を(イ)カンキする。このような言わば意味論的な危機に対して、それをなんとか意味の体系のなかに回収するために生み出された文化的装置が「妖怪」だった。それは人間が秩序ある意味世界のなかで生きていくうえでの必要性から生み出されたものであり、それゆえに切実なリアリティをともなっていた。A民間伝承としての妖怪とは、そうした存在だったのである。

4　妖怪が意味論的な危機から生み出されるものであるかぎり、そしてそれゆえにリアリティを帯びた存在であるかぎり、それをフィクションとして楽しもうという感性は生まれえない。フィクションとしての妖怪という領域が成立するには、妖怪に対する認識が根本的に変容することが必要なのである。

5　妖怪に対する認識がどのように変容したのか。そしてそれは、いかなる歴史的背景から生じたのか。本書ではそのような問いに対する答えを、「妖怪娯楽」の具体的な事例を通して探っていこうと思う。

6 妖怪に対する認識の変容を記述し分析するうえで、本書ではフランスの哲学者ミシェル・フーコーの「アルケオロジー」の手法を(ウ)エンヨウすることにしたい。

7 アルケオロジーとは、通常「考古学」と訳される言葉であるが、フーコーの言うアルケオロジーは、思考や認識を可能にしている知の枠組み――「エピステーメー」（ギリシャ語で「知」の意味）の変容として歴史を描き出す試みのことである。人間が事物のあいだにある秩序を認識し、それにしたがって思考する際に、われわれは決して認識に先立って「客観的に」存在する事物の秩序そのものに触れているわけではない。事物のあいだになんらかの関係性をうち立てるある一つの枠組みを通して、はじめて事物の秩序を認識することができるのである。この枠組みがエピステーメーであり、しかもこれは時代とともに変容する。事物に対する認識や思考が、時間を(エ)ヘダてることで大きく変貌してしまうのだ。

8 フーコーは、十六世紀から近代にいたる西欧の「知」の変容について論じた『言葉と物』という著作において、このエピステーメーの変貌を、「物」「言葉」「記号」そして「人間」の関係性の再編成として描き出している。これらは人間が世界を認識するうえで重要な役割を果たす諸要素であるが、そのあいだにどのような関係性がうち立てられるかによって、「知」のあり方は大きく様変わりする。

9 本書では、このアルケオロジーという方法を踏まえて、日本の妖怪観の変容について記述することにしたい。それは妖怪観の変容を「物」「言葉」「記号」「人間」の布置の再編成として記述する試みである。この方法は、同時代に存在する一見関係のないさまざまな文化事象を、同じ世界認識の平面上にあるものとしてとらえることを可能にする。これによって日本の妖怪観の変容を、大きな文化史的変動のなかで考えることができるだろう。

10 では、ここで本書の議論を先取りして、Bアルケオロジー的方法によって再構成した日本の妖怪観の変容について簡単に述べておこう。

11 中世において、妖怪の出現は多くの場合「凶兆」として解釈された。それらは神仏をはじめとする神秘的存在からの「警告」

であった。すなわち、妖怪は神霊からの「言葉」を伝えるものという意味で、一種の「記号」だったのである。これは妖怪にかぎったことではなく、あらゆる自然物がなんらかの意味を帯びた「記号」として存在していた。つまり、「物」は物そのものと言うよりも「記号」であったのである。これらの「記号」は所与のものとして存在しており、人間にできるのはその「記号」を「読み取る」こと、そしてその結果にしたがって神霊への働きかけをおこなうことだけだった。

12 「物」が同時に「言葉」を伝える「記号」である世界。こうした認識は、しかし近世において大きく変容する。「物」にまとわりついた「言葉」や「記号」としての性質が剝ぎ取られ、はじめて「物」そのものとして人間の目の前にあらわれるようになるのである。ここに近世の自然認識や、西洋の博物学に相当する(注)本草学（ほんぞうがく）という学問が成立する。そして妖怪もまた博物学的な思考、あるいは嗜好（しこう）の対象となっていくのである。

13 この結果、「記号」の位置づけも変わってくる。かつて「記号」は所与のものとして存在し、人間はそれを「読み取る」ことしかできなかった。しかし、近世においては、「記号」は人間が約束事のなかで作り出すことができるものとなった。これは、「記号」が神霊の支配を逃れて、人間の完全なコントロール下に入ったことを意味する。こうした「記号」を、本書では「表象」と呼んでいる。人工的な記号、人間の支配下にあることがはっきりと刻印された記号、それが「表象」である。

14 「表象」は、意味を伝えるものであるよりも、むしろその形象性、視覚的側面が重要な役割を果たす「記号」である。妖怪は、伝承や説話といった「言葉」の世界、意味の世界から切り離され、名前や視覚的形象によって弁別される「表象」となっていった。それはまさに、現代で言うところの「キャラクター」であった。そしてキャラクターとなった妖怪は完全にリアリティを喪失し、フィクショナルな存在として人間の娯楽の題材へと化していった。妖怪は「表象」という人工物へと作り変えられたことによって、人間の手で自由自在にコントロールされるものとなったのである。こうしたC<u>妖怪の「表象」化</u>は、人間の支配力が世界のあらゆる局面、あらゆる「物」に及ぶようになったことの帰結である。かつて神霊が占めていたその位置を、いまや人間が占めるようになったのである。

15 ここまでが、近世後期——より具体的には十八世紀後半以降の都市における妖怪観である。だが、近代になると、こうした近世の妖怪観はふたたび編成しなおされることになる。「表象」として、リアリティの領域から切り離されてあった妖怪が、以前とは異なる形でリアリティのなかに回帰するのである。これは、近世は妖怪をリアルなものとして恐怖していた迷信の時代、近代はそれを合理的思考によって否定し去った啓蒙（けいもう）の時代、という一般的な認識とはまったく逆の形である。

16 「表象」という人工的な記号を成立させていたのは、「万物の霊長」とされた人間の力の絶対性であった。ところが近代になると、この「人間」そのものに根本的な懐疑が突きつけられるようになる。人間は「神経」の作用、「催眠術」の効果、「心霊」の感応によって容易に妖怪を「見てしまう」不安定な存在、「内面」というコントロール不可能な部分を抱えた存在として認識されるようになったのだ。かつて「表象」としてフィクショナルな領域に囲い込まれていた妖怪たちは、今度は「人間」そのものの内部に棲（す）みつくようになったのである。

17 そして、こうした認識とともに生み出されたのが、「私」という近代に特有の思想であった。謎めいた「内面」を抱え込んでしまったことで、「私」は私にとって「不気味なもの」となり、いっぽうで未知なる可能性を秘めた神秘的な存在となった。妖怪は、まさにこのような「私」を(オ)トウエイした存在としてあらわれるようになるのである。

18 以上がアルケオロジー的方法によって描き出した、妖怪観の変容のストーリーである。

（注）本草学 —— もとは薬用になる動植物などを研究する中国由来の学問で、江戸時代に盛んとなり、薬物にとどまらず広く自然物を対象とするようになった。

問1 傍線部(ア)〜(オ)に相当する漢字を含むものを、次の各群の①〜④のうちから、それぞれ一つずつ選べ。解答番号は **1** 〜 **5** 。

(ア) ミンゾク **1**

① 楽団にショゾクする
② カイゾク版を根絶する
③ 公序リョウゾクに反する
④ 事業をケイゾクする

(イ) カンキ **2**

① 証人としてショウカンされる
② 優勝旗をヘンカンする
③ 勝利のエイカンに輝く
④ 意見をコウカンする

(ウ) エンヨウ **3**

① 鉄道のエンセンに住む
② キュウエン活動を行う
③ 雨で試合がジュンエンする
④ エンジュクした技を披露する

(エ) ヘダてる **4**

① 敵をイカクする
② 施設のカクジュウをはかる
③ 外界とカクゼツする
④ 海底のチカクが変動する

(オ) トウエイ **5**

① 意気トウゴウする
② トウチ法を用いる
③ 電気ケイトウが故障する
④ 強敵を相手にフントウする

問2 傍線部A「民間伝承としての妖怪」とは、どのような存在か。その説明として最も適当なものを、次の①～⑤のうちから一つ選べ。解答番号は **6** 。

① 人間の理解を超えた不可思議な現象に意味を与え日常世界のなかに導き入れる存在。
② 通常の認識や予見が無効となる現象をフィクションの領域においてとらえなおす存在。
③ 目の前の出来事から予測される未来への不安を意味の体系のなかで認識させる存在。
④ 日常的な因果関係にもとづく意味の体系のリアリティを改めて人間に気づかせる存在。
⑤ 通常の因果関係の理解では説明のできない意味論的な危機を人間の心に生み出す存在。

問3　傍線部B「アルケオロジー的方法」とは、どのような方法か。その説明として最も適当なものを、次の①～⑤のうちから一つ選べ。解答番号は 7 。

① ある時代の文化事象のあいだにある関係性を理解し、その理解にもとづいて考古学の方法に倣い、その時代の事物の客観的な秩序を復元して描き出す方法。

② 事物のあいだにある秩序を認識し思考することを可能にしている知の枠組みをとらえ、その枠組みが時代とともに変容するさまを記述する方法。

③ さまざまな文化事象を「物」「言葉」「記号」「人間」という要素ごとに分類して整理し直すことで、知の枠組みの変容を描き出す方法。

④ 通常区別されているさまざまな文化事象を同じ認識の平面上でとらえることで、ある時代の文化的特徴を社会的な背景を踏まえて分析し記述する方法。

⑤ 一見関係のないさまざまな歴史的事象を「物」「言葉」「記号」そして「人間」の関係性に即して接合し、大きな世界史的変動として描き出す方法。

問4 傍線部C「妖怪の『表象』化」とは、どういうことか。その説明として最も適当なものを、次の①～⑤のうちから一つ選べ。解答番号は **8** 。

① 妖怪が、人工的に作り出されるようになり、神霊による警告を伝える役割を失って、人間が人間を戒めるための道具になったということ。

② 妖怪が、神霊の働きを告げる記号から、人間が約束事のなかで作り出す記号になり、架空の存在として楽しむ対象になったということ。

③ 妖怪が、伝承や説話といった言葉の世界の存在ではなく視覚的な形象になったことによって、人間世界に実在するかのように感じられるようになったということ。

④ 妖怪が、人間の手で自由自在に作り出されるものになり、人間の力が世界のあらゆる局面や物に及ぶきっかけになったということ。

⑤ 妖怪が、神霊からの警告を伝える記号から人間がコントロールする人工的な記号になり、人間の性質を戯画的に形象した娯楽の題材になったということ。

問5 この文章を授業で読んだNさんは、内容をよく理解するために【ノート1】〜【ノート3】を作成した。本文の内容とNさんの学習の過程を踏まえて、(i)〜(iii)の問いに答えよ。

(i) Nさんは、本文の1〜18を【ノート1】のように見出しをつけて整理した。空欄 Ⅰ ・ Ⅱ に入る語句の組合せとして最も適当なものを、後の①〜④のうちから一つ選べ。解答番号は **9**。

【ノート1】

● 問題設定（1〜5）
　2〜3　Ⅰ
　4〜5　Ⅱ
● 方法論（6〜9）
　7〜9　アルケオロジーの説明
● 日本の妖怪観の変容（10〜18）
　11　中世の妖怪
　12〜14　近世の妖怪
　15〜17　近代の妖怪

① Ⅰ　妖怪はいかなる歴史的背景のもとで娯楽の対象になったのかという問い
　Ⅱ　意味論的な危機から生み出される妖怪

② Ⅰ　妖怪はいかなる歴史的背景のもとで娯楽の対象になったのかという問い

Ⅱ　妖怪娯楽の具体的事例の紹介

③　Ⅰ　娯楽の対象となった妖怪の説明
　　Ⅱ　いかなる歴史的背景のもとで、どのように妖怪認識が変容したのかという問い

④　Ⅰ　妖怪に対する認識の歴史性
　　Ⅱ　いかなる歴史的背景のもとで、どのように妖怪認識が変容したのかという問い

(ii)　Nさんは、本文で述べられている近世から近代への変化を【ノート2】のようにまとめた。空欄 [Ⅲ]・[Ⅳ] に入る語句として最も適当なものを、後の各群の①～④のうちから、それぞれ一つずつ選べ。解答番号は [10]・[11]。

> 【ノート2】
> 近世と近代の妖怪観の違いの背景には、「表象」と「人間」との関係の変容があった。
> 近世には、人間によって作り出された、[Ⅲ] が現れた。しかし、近代へ入ると [Ⅳ] が認識されるようになったことで、近代の妖怪は近世の妖怪にはなかったリアリティを持った存在として現れるようになった。

[Ⅲ] に入る語句 [10]

①　恐怖を感じさせる形象としての妖怪
②　神霊からの言葉を伝える記号としての妖怪
③　視覚的なキャラクターとしての妖怪
④　人を化かすフィクショナルな存在としての妖怪

Ⅳ に入る語句 **11**

① 合理的な思考をする人間
② 「私」という自立した人間
③ 万物の霊長としての人間
④ 不可解な内面をもつ人間

(iii) **【ノート2】**を作成したNさんは、近代の妖怪観の背景に興味をもった。そこで出典の『江戸の妖怪革命』を読み、**【ノート3】**を作成した。空欄 **Ⅴ** に入る最も適当なものを、後の①～⑤のうちから一つ選べ。解答番号は **12** 。

【ノート3】

本文の17には、近代において「私」が私にとって「不気味なもの」となったということが書かれていた。このことに関係して、本書第四章には、欧米でも日本でも近代になってドッペルゲンガーや自己分裂を主題とした小説が数多く発表されたとあり、芥川龍之介の小説「歯車」（一九二七年発表）の次の一節が例として引用されていた。

> 第二の僕、——独逸人の所謂Doppelgaengerは仕合せにも僕自身に見えたことはなかった。しかし亜米利加の映画俳優になったK君の夫人は第二の僕を帝劇の廊下に見かけていた。（僕は突然K君の夫人に「先達はつい御挨拶もしませんで」と言われ、当惑したことを覚えている。）それからもう故人になったある隻脚の翻訳家もやはり銀座のある煙草屋に第二の僕を見かけていた。死はあるいは僕よりも第二の僕に来るのかも知れなかった。

考察 ドッペルゲンガー（Doppelgaenger）とは、ドイツ語で「二重に行く者」、すなわち「分身」の意味であり、もう一人の自分を「見てしまう」怪異のことである。また、「ドッペルゲンガーを見た者は死ぬと言い伝えられている」と説明されていた。

17に書かれていた「『私』という近代に特有の思想」とは、こうした自己意識を踏まえた指摘だったことがわかった。

V

① 「歯車」の僕は、自分の知らないところで別の僕が行動していることを知った。僕はまだ自分でドッペルゲンガーを見たわけではないと安心し、別の僕の行動によって自分が周囲から承認されているのだと悟った。これは、「私」が他人の認識のなかで生かされているという神秘的な存在であることの例にあたる。

② 「歯車」の僕は、自分には心当たりがない場所で別の僕が目撃されていたと知った。僕は自分でドッペルゲンガーを見たわけではないのでひとまずは安心しながらも、もう一人の自分に死が訪れるのではないかと考えていた。これは、「私」が自分自身を統御できない不安定な存在であることの例にあたる。

③ 「歯車」の僕は、身に覚えのないうちに、会いたいと思っていた人の前に別の僕が姿を現していたと知った。僕は自分でドッペルゲンガーを見たわけではないが、別の僕が自分に代わって思いをかなえてくれたことに驚いた。これは、「私」が未知なる可能性を秘めた存在であることの例にあたる。

④ 「歯車」の僕は、自分がいたはずのない場所に別の僕がいたことを知った。僕は自分でドッペルゲンガーを見たわけではないと自分を落ち着かせながらも、自分が分身に乗っ取られるかもしれないという不安を感じた。これは、「私」が「私」という分身にコントロールされてしまう不気味な存在であることの例にあたる。

⑤ 「歯車」の僕は、自分がいるはずのない時と場所で僕を見かけたと言われた。僕は今のところ自分でドッペルゲンガーを見たわけではないので死ぬことはないと安心しているが、他人にうわさされることに困惑していた。これは、「私」が自分で自分を制御できない部分を抱えた存在であることの例にあたる。

第2問 次の文章は、加能作次郎（かのうさくじろう）「羽織と時計」（一九一八年発表）の一節である。「私」と同じ出版社で働くW君は、妻子と従妹（いとこ）と暮らしていたが生活は苦しかった。そのW君が病で休職している期間、「私」は何度か彼を訪れ、同僚から集めた見舞金を届けたことがある。以下はそれに続く場面である。これを読んで、後の問い（**問1〜6**）に答えよ。なお、設問の都合で本文の上に行数を付してある。（配点　50）

春になって、陽気がだんだん暖かになると、W君の病気も次第に快（よ）くなって、五月の末には、再び出勤することが出来るようになった。

『君の家の紋は（注1）何かね？』

彼が久し振りに出勤した最初の日に、W君は突然私に尋ねた。私は不審に思いながら答えた。

『（注2）円（まる）に横モッコです。平凡なありふれた紋です。何ですか？』

『いや、実はね。僕も長い間休んで居て、君に少（すく）からぬ世話になったから、ほんのお礼の印に（注3）羽二重（はぶたえ）を（注4）一反（いったん）お上げしようと思っているんだが、同じことなら羽織にでもなるように紋を（注5）抜いた方がよいと思ってね。どうだね、其方（そのほう）がよかろうね。』

とW君は言った。

W君の郷里は羽二重の産地で、彼の親類に織元（おりもと）があるので、そこから安く、実費で分けて貰（もら）うので、外にも序（ついで）があるから、そこから直接に京都へ染めにやることにしてあるとのことであった。

『染（そめ）は京都でなくちゃ駄目だからね。』とW君は独りで首肯（うなず）いて、『じゃ早速言ってやろう。』

私は辞退する(ア)術（すべ）もなかった。

一ケ月あまり経（た）って、染め上（あが）って来た。W君は自分でそれを持って私の下宿を訪れて呉（く）れた。私は早速W君と連れだって、呉服屋へ行って裏地を買って羽織に縫って貰った。

貧乏な私は其時（そのとき）まで礼服というものを一枚も持たなかった。羽二重の紋付（もんつき）の羽織というものを、その時始めて着たのであるが、今でもそれが私の持物の中で最も貴重なものの一つとなって居る。

『ほんとにいい羽織ですこと、あなたの様な貧乏人が、こんな羽織をもって居なさるのが不思議な位ですわね。』

妻は、私がその羽織を着る機会のある毎にそう言った。私はW君から貰ったのだということを、妙な羽目からつい(イ)言いはぐれて了って、今だに妻に打ち明けてないのであった。妻が私が結婚の折に特に拵えたものと信じて居るのだ。下に着る着物でも袴でも、その羽織とは全く不調和な粗末なものばかりしか私は持って居ないので、

『よくそれでも羽織だけ飛び離れていいものをお拵えになりましたわね。』と妻は言うのであった。

『そりゃ礼服だからな。これ一枚あれば下にどんなものを着て居ても、兎に角礼服として何処へでも出られるからな。』私はA擽ぐられるような思をしながら、そんなことを言って誤魔化して居た。

『これで袴だけ(注6)仙台平か何かのがあれば揃うのですけれどね。どうにかして袴だけいいのをお拵えなさいよ。これじゃ羽織が泣きますわ。こんなぼとぼとした(注7)セルの袴じゃ、折角のいい羽織がちっとも引き立たないじゃありませんか。』

妻はいかにも惜しそうにそう言い言いした。

私もそうは思わないではないが、今だにその余裕がないのであった。私はこの羽織を着る毎にW君のことを思い出さずに居なかった。

その後、社に改革があって、私が雑誌を一人でやることになり、W君は書籍の出版の方に廻ることになった。そして翌年の春、私は他にいい口があったので、その方へ転ずることになった。

W君は私の将来を祝し、送別会をする代りだといって、自ら奔走して社の同人達(注8)から二十円ばかり(注9)醵金をして、私に記念品を贈ることにして呉れた。私は時計を持って居なかったので、自分から望んで懐中時計を買って貰った。

『贈××君。××社同人。』

こう銀側の蓋の裏に小さく刻まれてあった。

この処置について、社の同人の中には、内々不平を抱いたものもあったそうだ。まだ二年足らずしか居ないものに、記念品を

贈るなどということは曾て例のないことで、これはW君が、自分の病気の際に私が奔走して見舞金を贈ったので、その時の私の厚意に酬いようとする個人的の感情から企てたことだといってW君を非難するものもあったそうだ。また中には、『あれはW君が自分が罷める時にも、そんな風なことをして貰いたいからだよ。』と卑しい邪推をして皮肉を言ったものもあったそうだ。

私は後でそんなことを耳にして非常に不快を感じた。そしてW君に対して気の毒でならなかった。そういう非難を受けてまでも（それはW君自身予想しなかったことであろうが）私の為に奔走して呉れたW君の厚い(注10)情誼を思いやると、私は涙ぐましいほど感謝の念に打たれるのであった。それと同時に、その一種の恩恵に対して、常に或る重い圧迫を感ぜざるを得なかった。

羽織と時計——。私の身についたものの中で最も高価なものが、二つともW君から贈られたものだ。この意識が、今でも私の心に、感謝の念と共に、B何だかやましいような気恥しいような、訳のわからぬ一種の重苦しい感情を起させるのである。

××社を出てから以後、私は一度もW君と会わなかった。W君は、その後一年あまりして、病気が再発して、遂に社を辞し、いくらかの金を融通して来て、電車通りに小さなパン菓子屋を始めたこと、自分は寝たきりで、店は主に従妹が支配して居て、それでやっと生活して居るということなどを、私は或る日途中で××社の人に遇った時に聞いた。私は××社を辞した後、或る文学雑誌の編輯に携って、文壇の方と接触する様になり、交友の範囲もおのずから違って行き、仕事も忙しかったので、一度見舞旁々訪わねばならぬと思いながら、自然と遠ざかって了った。その中私も結婚をしたり、子が出来たりして、境遇も次第に前と異って来て、一層(ウ)足が遠くなった。偶々思い出しても、久しく無沙汰をして居ただけそれだけ、そしてそれに対して一種の自責を感ずれば感ずるほど、妙に改まった気持になって、つい億劫になるのであった。

羽織と時計——併し本当を言えば、この二つが、W君と私とを遠ざけたようなものであった。これがなかったなら、私はもっと素直な自由な気持になって、時々W君を訪れることが出来たであろうと、今になって思われる。何故というに、私はこの二個の物品を持って居るので、常にW君から恩恵的債務を負うて居るように感ぜられたからである。この債務に対する自意識は、私をして不思議にW君の家の敷居を高く思わせた。而も不思議なことに、C私はW君よりも、彼の妻君の眼を恐れた。私が時計を帯にはさんで行くとする、『あの時計は、(注11)良人が世話して進げたのだ。』斯う妻君の眼が言う。私が羽織を着て行く、『ああ、あの羽織は、良人が進げたのだ。』斯う妻君の眼が言う。もし二つとも身につけて行かないならば、『あの人は羽織や時計をどうしたろう。』斯う妻君の眼が言うように空想されるのであった。どうしてそんな考が起るのか分らない。或は私自身の中に、そういう卑しい邪推深い性情がある為であろう。が、いつでもW君を訪れようと思いつく毎に、妙にその厭な考が私を引き止めるのであった。そればかりではない、こうして無沙汰を続ければ続けるほど、私はW君の妻君に対して更に恐れを抱くのであった。

『〇〇さんて方は随分薄情な方ね、あれきり一度も来なさらない。こうして貴郎が病気で寝て居らっしゃるのを知らないんでしょうか、見舞に一度も来て下さらない。』

斯う彼女が彼女の良人に向って私を責めて居そうである。その言葉には、あんなに、羽織や時計などを進げたりして、こちらでは尽すだけのことは尽してあるのに、という意味を、彼女は含めて居るのである。

そんなことを思うと迚も行く気にはなれなかった。こちらから出て行って、妻君のそういう考をなくする様に努めるよりも、私は逃げよう逃げようとした。私は何か偶然の機会で妻君なり従妹なりと、途中ででも遇わんことを願った。そうしたら、『W君はお変りありませんか、相変らず元気で××社へ行っていらっしゃいますか?』としらばくれて尋ねる、すると、疾うに社をやめ、病気で寝て居ると、相手の人は答えるに違いない。

『おやおや! 一寸も知りませんでした。それはいけませんね。どうぞよろしく言って下さい。近いうちに御見舞に上りますから。』

こう言って分れよう。そしてそれから二三日置いて、何か手土産を、そうだ、かなり立派なものを持って見舞に行こう、そうするとそれから後は、心易く往来出来るだろう――。

そんなことを思いながら、三年四年と月日が流れるように経って行った。今年の新緑の頃、子供を連れて郊外へ散歩に行った時に、D私は少し遠廻りして、W君の家の前を通り、原っぱで子供に食べさせるのだからと妻に命じて、態と其の店に餡パンを買わせたが、実はその折陰ながら家の様子を窺い、うまく行けば、全く偶然の様に、妻君なり従妹なりに遇おうという微かな期待をもって居た為めであった。私は電車の線路を挟んで向側の人道に立って店の様子をそれとなく注視して居たが、出て来た人は、妻君でも従妹でもなく、全く見知らぬ、(注12)下女の様な女だった。私は若しや家が間違っては居ないか、または代が変ってでも居るのではないかと、屋根看板をよく注意して見たが、以前××社の人から聞いたと同じく、××堂W——とあった。たしかにW君の店に相違なかった。それ以来、私はまだ一度も其店の前を通ったこともなかった。

(注)
1 紋——家、氏族のしるしとして定まっている図柄。
2 円に横モッコ——紋の図案の一つ。
3 羽二重——上質な絹織物。つやがあり、肌ざわりがいい。
4 一反——布類の長さの単位。長さ一〇メートル幅三六センチ以上が一反の規格で、成人一人分の着物となる。
5 紋を抜いた——「紋の図柄を染め抜いた」という意味。
6 仙台平——袴に用いる高級絹織物の一種。
7 セル——和服用の毛織物の一種。
8 同人——仲間。
9 醵金——何かをするために金銭を出し合うこと。
10 情誼——人とつきあう上での人情や情愛。
11 良人——夫。
12 下女——雑事をさせるために雇った女性のこと。当時の呼称。

問1 傍線部(ア)〜(ウ)の本文中における意味として最も適当なものを、次の各群の①〜⑤のうちから、それぞれ一つずつ選べ。解答番号は 13 〜 15 。

(ア) 術もなかった 13
① 理由もなかった
② 手立てもなかった
③ 義理もなかった
④ 気持ちもなかった
⑤ はずもなかった

(イ) 言いはぐれて 14
① 言う必要を感じないで
② 言う機会を逃して
③ 言うのを忘れて
④ 言う気になれなくて
⑤ 言うべきでないと思って

(ウ) 足が遠くなった 15
① 訪れることがなくなった
② 時間がかかるようになった
③ 会う理由がなくなった
④ 行き来が不便になった
⑤ 思い出さなくなった

問2　傍線部A「擽ぐられるような思」とあるが、それはどのような気持ちか。その説明として最も適当なものを、次の①〜⑤のうちから一つ選べ。解答番号は **16** 。

① 自分たちの結婚に際して羽織を新調したと思い込んで発言している妻に対する、笑い出したいような気持ち。
② 上等な羽織を持っていることを自慢に思いつつ、妻に事実を知られた場合を想像して、不安になっている気持ち。
③ 妻に羽織をほめられたうれしさと、本当のことを告げていない後ろめたさとが入り混じった、落ち着かない気持ち。
④ 妻が自分の服装に関心を寄せてくれることをうれしく感じつつも、羽織だけほめることを物足りなく思う気持ち。
⑤ 羽織はW君からもらったものだと妻に打ち明けてみたい衝動と、自分を侮っている妻への不満とがせめぎ合う気持ち。

問3　傍線部B「何だかやましいような気恥しいような、訳のわからぬ一種の重苦しい感情」とあるが、それはどういうことか。その説明として最も適当なものを、次の①～⑤のうちから一つ選べ。解答番号は 17 。

① W君が手を尽くして贈ってくれた品物は、いずれも自分には到底釣り合わないほど立派なものに思え、自分を厚遇しようとするW君の熱意を過剰なものに感じてとまどっている。

② W君の見繕ってくれた羽織はもちろん、自ら希望した時計にも実はさしたる必要を感じていなかったのに、W君がその贈り物をするために評判を落としたことを、申し訳なくももったいなくも感じている。

③ W君が羽織を贈ってくれたことに味をしめ、続いて時計までも希望し、高価な品々をやすやすと手に入れてしまった欲の深さを恥じており、W君へ向けられた批判をそのまま自分にも向けられたものと受け取っている。

④ 立派な羽織と時計とによって一人前の体裁を取り繕うことができたものの、それらを自分の力では手に入れられなかったことを情けなく感じており、W君の厚意にも自分へ向けられた哀れみを感じ取っている。

⑤ 頼んだわけでもないのに自分のために奔走してくれるW君に対する周囲の批判を耳にするたびに、W君に対する申し訳なさを感じたが、同時にその厚意には見返りを期待する底意をも察知している。

問4　傍線部C「私はW君よりも、彼の妻君の眼を恐れた」とあるが、「私」が「妻君の眼」を気にするのはなぜか。その説明として最も適当なものを、次の①～⑤のうちから一つ選べ。解答番号は 18 。

① 「私」に厚意をもって接してくれたW君が退社後に寝たきりで生活苦に陥っていることを考えると、見舞に駆けつけなくてはいけないと思う一方で、「私」の転職後はW君と久しく疎遠になってしまい、その間看病を続けた妻君に自分の冷たさを責められるのではないかと悩んでいるから。

② W君が退社した後慣れないパン菓子屋を始めるほど家計が苦しくなったことを知り、「私」が彼の恩義に酬いる番だと思う一方で、転職後にさほど家計も潤わずW君を経済的に助けられないことを考えると、W君を家庭で支える妻君には申し訳ないことをしていると感じているから。

③ 退職後に病で苦労しているW君のことを思うと、「私」に対するW君の恩義は一生忘れてはいけないと思う一方で、忙しい日常生活にかまけてW君のことをつい忘れてしまうふがいなさを感じたまま見舞に出かけると、妻君に偽善的な態度を指摘されるのではないかという怖さを感じているから。

④ 自分を友人として信頼し苦しい状況にあって頼りにもしているだろうW君のことを想像すると、見舞に行きたいという気持ちが募る一方で、かつてW君の示した厚意に酬いていないことを内心やましく思わざるを得ず、妻君の前では卑屈にへりくだらねばならないことを疎ましくも感じているから。

⑤ W君が「私」を立派な人間と評価してくれたことに感謝の気持ちを持っているため、W君の窮状を救いたいという思いが募る一方で、自分だけが幸せになっているのにW君を訪れなかったことを反省すればするほど、苦労する妻君には顔を合わせられないと悩んでいるから。

問5　傍線部D「私は少し遠廻りして、W君の家の前を通り、原っぱで子供に食べさせるのだからと妻に命じて、態と其の店に餡パンを買わせた」とあるが、この「私」の行動の説明として最も適当なものを、次の①〜⑤のうちから一つ選べ。解答番号は 19 。

① W君の家族に対する罪悪感を募らせるあまり、自分たち家族の暮らし向きが好転したさまを見せることがためらわれて、かつてのような質素な生活を演出しようと作為的な振る舞いに及んでいる。

② W君と疎遠になってしまった後悔にさいなまれてはいるものの、それを妻に率直に打ち明け相談することも今更できず、逆にその悩みを悟られまいとして妻にまで虚勢を張るはめになっている。

③ 家族を犠牲にしてまで自分を厚遇してくれたW君に酬いるためのふさわしい方法がわからず、せめて店で買い物をすることによって、かつての厚意に少しでも応えることができればと考えている。

④ W君の家族との間柄がこじれてしまったことが気がかりでならず、どうにかしてその誤解を解こうとして稚拙な振る舞いに及ぶばかりか、身勝手な思いに事情を知らない自分の家族まで付き合わせている。

⑤ 偶然を装わなければW君と会えないとまで思っていたが、これまで事情を誤魔化してきたために、今更妻に本当のことを打ち明けることもできず、回りくどいやり方で様子を窺う機会を作ろうとしている。

問6 次に示す**【資料】**は、この文章（加能作次郎「羽織と時計」）が発表された当時、新聞紙上に掲載された批評（評者は宮島新三郎、原文の仮名遣いを改めてある）の一部である。これを踏まえた上で、後の(i)・(ii)の問いに答えよ。

【資料】

今までの氏は生活の種々相を様々な方面から多角的に描破（注1）して、其処から或るものを浮き上らせようとした点があったし、又そうすることに依って作品の効果を強大にするという長所を示していたように思う。見た儘、有りの儘を刻明に描写する――其処に氏の有する大きな強味がある。由来（注2）氏はライフの一点だけを覗って作をするというような所謂『小話』作家の面影は有っていなかった。

それが『羽織と時計』になると、作者が本当の泣き笑いの悲痛な人生を描こうとしたものか、それとも単に羽織と時計に伴う思い出を中心にして、ある一つの興味ある覗いを、否一つのおちを物語ってでもやろうとしたのか分らない程謂う所の小話臭味の多過ぎた嫌いがある。若し此作品から小話臭味を取去ったら、即ち羽織と時計とに作者が関心し過ぎなかったら、そして飽くまでも『私』の見たW君の生活、W君の病気、それに伴う陰鬱な、悲惨な境遇を如実に描いたなら、一層感銘の深い作品になったろうと思われる。羽織と時計とに執し過ぎた（注3）ことは、この作品をユーモラスなものにする助けとはなったが、作品の効果を増す力にはなって居ない。私は寧ろ忠実なる生活の再現者としての加能氏に多くの尊敬を払っている。

宮島新三郎「師走文壇の一瞥」（『時事新報』一九一八年一二月七日）

（注）1 描破――あまさず描きつくすこと。
2 由来――元来、もともと。
3 執し過ぎた――「執着し過ぎた」という意味。

(ⅰ) **【資料】**の二重傍線部に「羽織と時計とに執し過ぎたことは、この作品をユーモラスなものにする助けとはなったが、作品の効果を増す力にはなって居ない。」とあるが、それはどのようなことか。評者の意見の説明として最も適当なものを、次の①～④のうちから一つ選べ。解答番号は **20** 。

① 多くの挿話からW君の姿を浮かび上がらせようとして、W君の描き方に予期せぬぶれが生じている。
② 実際の出来事を忠実に再現しようと意識しすぎた結果、W君の悲痛な思いに寄り添えていない。
③ 強い印象を残した思い出の品への愛着が強かったために、W君の一面だけを取り上げ美化している。
④ 挿話の巧みなまとまりにこだわったため、W君の生活や境遇の描き方が断片的なものになっている。

(ⅱ) **【資料】**の評者が着目する「羽織と時計」は、表題に用いられるほかに、「羽織と時計――」という表現として本文中にも用いられている（43行目、53行目）。この繰り返しに注目し、評者とは異なる見解を提示した内容として最も適当なものを、次の①～④のうちから一つ選べ。解答番号は **21** 。

① 「羽織と時計――」という表現がそれぞれ異なる状況において自問自答のように繰り返されることで、かつてのようにはW君を信頼できなくなっていく「私」の動揺が描かれることを重視すべきだ。
② 複雑な人間関係に耐えられず生活の破綻を招いてしまったW君のつたなさが、「羽織と時計――」という余韻を含んだ表現で哀惜の思いをこめて回顧されていることを重視すべきだ。
③ 「私」の境遇の変化にかかわらず繰り返し用いられる「羽織と時計――」という表現が、好意をもって接していた「私」に必死で応えようとするW君の思いの純粋さを想起させることを重視すべきだ。
④ 「羽織と時計――」という表現の繰り返しによって、W君の厚意が皮肉にも自分をかえって遠ざけることになった経緯

について、「私」が切ない心中を吐露していることを重視すべきだ。

予想問題・第1回

100点／40分

第1問

次の文章は、筒井清忠『戦前日本のポピュリズム』の一部である。これを読んで、後の問い（問1〜6）に答えよ。なお、設問の都合で本文の段落に1〜21の番号を付してある。（配点　50点）

1　日比谷焼き打ち事件(注1)の考察にあたってそのポイントとしてまず第一に、戦争中にたびたび開かれていた戦勝祝捷会が群衆形成の重要な要因となっているということを指摘しておきたい。

2　日露戦争の当初、国民の戦争支持はそれほど熱心でなかった面があったと言われている。政友会の(ア)カンブであった原敬は「我国民の多数は戦争を欲せざりしは事実なり」と記しており、既述のように『国民新聞』の徳富蘇峰は、国民の戦争に対する熱心さは日清戦争当時の半分もない、とロンドンの深井英五(注2)に書いている（片山(注3)〔二〇〇九〕一〇七頁）。

3　しかし、戦闘の勝利につれて、やはりそれは盛り上がっていったと見るべきであろう。その際、その気運に大きく寄与したのが戦勝祝捷会の開催であった。それが最も盛んであった東京の事例をまとめると次のようになる（提灯行列・旗行列・祝捷会に参加した人数〔新聞掲載の届出人数〕）。

一九〇四年二月十日、仁川沖海戦勝利、提灯行列二三〇〇〇人参加
　五月四日〜二十一日、九連城占領、五万七三三五〇
　五月三十日〜九月一日、金州占領など、三万五二八〇
　九月五日〜二十四日、遼陽占領、四万二九六九
一九〇五年一月二日〜二十三日、旅順開城、一〇万一四五〇
　三月十一日〜四月十五日、奉天占領、二一万二八〇〇
　五月三十日〜六月十一日、日本海海戦戦勝、一三万三八七〇

4　これは新聞掲載の届出人数であるから、届け出ていない者や見物人まで含めると、これらを凌ぐ夥しい数の人間が参加したものと考えられる。実際、ある提灯問屋の話によると、提灯を一日二万や三万個以上仕上げても足りなかったという（『中央公論』一九〇四年七月号）。

5　その場合、多くの行列は、戦争の前年一九〇三年六月に開園した日比谷公園に集合した後に解散している。ここに日比谷公園の意義が生まれてくる。

6　旅順口閉塞、九連城占領などで戦勝気分が盛り上がっていた一九〇四年五月三日には万朝報社主催の提灯行列が行われたのをはじめ、連日連夜の提灯行列が続き、新聞各社が前宣伝をして煽った五月八日の市内新聞社通信社主催の東京市民大祝捷会は、三万人とも一〇万人とも言われる大群衆が集まっている。「憲法発布式の当日に比すべき盛況」だったのである。

7　そして、この日は行列の途中で(イ)コンランが生じ、二一名の死者が出る大惨事となっている。すなわち、日比谷公園で群衆が熱狂し死者まで出る事態は実は戦争終結前にすでに起きていたのであり、それは「勝利への熱狂」としてまず起こっていたのである。

8　続く遼陽での勝利を祝って九月六日に開催された東京市民祝捷会では、日比谷公園に一万人以上が集まり、音楽隊を先頭に旗や提灯を振り万歳を唱えているが、こうした祝捷会や行列では、日本酒やビール、寿司や肴などが提供され、イルミネーションや絵画、花火や剣術試合、活動写真や能狂言などが催されることが多く、それは文字どおり〝祝祭的な熱狂の空間〟を現出していたのである。

9　こうした熱狂による無秩序を嫌う警視庁は夜間の提灯行列を禁止しており、二月の仁川沖海戦勝利を祝う提灯行列から五月四日の九連城占領祝捷提灯行列までの間、祝捷行列は一度も行われていない。そして多数の死者が出た五月八日の祝捷会以降、警視庁は規制を強化し、行列や祝捷会における時間・音響の制限、酒気排除、異様なフク(ウ)ソウの禁止などを実施している。『万朝報』のように行列の秩序化を提案するところもあったが、政府に比較的近かった『東京日日新聞』などを例外として新聞各社はこのような規制を批判している。

10 なお、ここでは東京のみの例を挙げたが、東京以外の地方でも、たとえば福島県では、開戦直後の二月十一日の紀元節に福島町で行われた提灯行列の際に、有力商店が店前で酒樽(さかだる)と肴を提供したため、多数の泥酔者が出る騒ぎとなっており、同県の桑折町(こおりまち)、郡山、梁川町(やながわまち)など各町村でも同様の戦勝祝捷会が開催されている。

11 すなわち、こうした戦勝祝捷会や提灯行列において、すでに群衆は現れて死者まで出る状態となっており、また主催者として彼らを煽動(せんどう)した新聞社の影響力もすでに明確に現れていたのである。

12 また、それが〝奔放(ほんぽう)〟なものになりがちなことを警戒した官憲による〝禁圧〟が、〝爆発〟をむしろ招いていた可能性が高いことにも注目せねばならない。日比谷焼き打ち事件後の地方における取り締まりのソフト化が騒乱的事態を回避させているのが、その間接的証明ともなろう。

13 東京で多くの行列の目指した場所は皇居であり、日比谷公園に集合して解散するという形もパターン化しつつあった。神聖な「皇居」を目標としつつ、集合と解散の身近な場所としては日比谷公園を設定するという形が成立しつつあったのである。A「皇居」と「日比谷公園」はこの時代日本の群衆の統合点であり、沸騰点であったとも言えよう。なお、日清戦争（一八九四～九五年）における戦勝祝捷会や戦争に伴うさまざまな出来事がナショナリズムを(エ)ジョウセイしたことについては、すでに木下(注4)〔二〇一三〕や松山(注5)〔二〇〇九。一八～二五頁〕などの指摘があり、傾聴に値するが、大きく言えばそれらは日露戦争におけるそれの前期的形態と見ればよいであろう。

14 次に重要な論点として新聞と事件との関連という問題がある。何よりも河野広中(こうのひろなか)(注6)、小川平吉(おがわへいきち)(注7)ら事件関係者が、暴動の波及が急速となった原因として警察への憤懣(ふんまん)が浸透していたこととともに「新聞が是(これ)を煽動的に報道せることを挙げて居る」のであるが、取り締まる側もこれを「傾聴に値すると思う」と著していることは見逃せない（社会問題資料研究会〔一九七四〕七五頁）。

15 この点について松尾尊兊(まつおたかよし)は次のような重要な指摘を行っている。

「調査しえた各種の地方新聞によるかぎり、まず注目すべきは運動の組織には必ずといってよいほど、地方新聞社、ないしはその記者が関係していることである。新聞は政府反対の論陣を張り、あるいは各地の運動の状況を報ずることで運動の気勢を高めただけではなく、運動そのものの組織にあたったのである」（松尾[注8]〔二〇〇一〕二六頁）

16 すなわち、以下のような事例が挙げられる。

八月二十日、九月八日　二回にわたる和歌山県民大会。『和歌山実業新聞』『和歌山新報』（政友会系）、『紀伊毎日新聞』『南海新報』（憲政本党系）四社共催

九月三日、五日、十八日　三次にわたる呉市民大会・広島市民大会。地元新聞記者団主催。名古屋市民大会・愛知県民大会。記者団が準備

九月九日　静岡県民大会。『静岡新報』（政友会系）、『静岡民友新聞』（憲政本党系）両社と静岡県選出の政・憲両党代議士が発起人

九月十二日　新潟県民大会。『東北日報』『新潟新聞』『新潟公友』『新潟日報』四社発起

同日　長崎市民大会、九月二十日長崎県民大会。『長崎新報』『九州日の出新聞』『鎮西日報』『長崎新聞』四社と、県会・市会の両議長などが発起人

同日　市制施行地でないところでも、愛知県豊橋町や新潟県長岡町などで地方新聞社の発起による町民大会開催

「判明するかぎりのほとんどすべての集会には、新聞記者が発起人あるいは弁士の一員として参加しているのが実状である」（松尾〔二〇〇一〕二六～二七頁）

17 こうした新聞の激しい反対運動が日比谷焼き打ち事件を誘発した有力な原因であることは間違いないが、それがのちの憲政擁護運動（護憲運動）・普通選挙要求運動（普選運動）につながったことも否定できない。B それは運動の形式と内容の二つの面から指摘しうる。

18 形式というのは運動の指導部の形成の仕方に関わる。すなわち、こうした講和条約反対運動の形成にあたっては、見てきたように新聞社もしくは新聞記者グループが中軸になり、そこに政党人、実業団体員、弁護士が加わって中核体が構成されているのである。のちの護憲運動・普選運動も同様の形成方式になっており、その(オ)キゲンはこの日比谷焼き打ち事件に象徴されるポーツマス講和条約反対運動にあったと明確に指摘されうるのである（松尾〔二〇〇一〕三一頁）。

19 内容的には次のことが言える。日露戦争中に『万朝報』（一九〇四年十一月十九日）は「民権拡張の好機」という論説を掲載、「時局は挙国一致の義務を要求すると同時に、又民権拡張の権利を与えつつあり、即ち義務のある所又必ず権利あり」と、戦争にともなう民権拡張＝普選論を主張したのである。戦争以前には選挙権拡張に反対していた島田三郎は「国家の安危を分担する者は国政に参与する権利あるべし」、したがって戦後は大いに「選挙権拡張を主張せん」と説を改めた（『大阪毎日新聞』一九〇五年三月二十四日）。

20 講和条約に反対した陸羯南の『日本』が展開した「兵役を負担する国民、豈戦争を議するの権なしと謂わんや」（一九〇五年七月四日）という論理――兵役の負担と講和すなわち政治について議論する権利をイコールで結ぶ論理――が普選運動に直結するものであることは見やすい道理であろう（松尾〔二〇〇一〕一五～一六頁）。

21 こうして新聞に支えられた講和条約反対運動が日比谷焼き打ち事件のような暴力的大衆を登場させ、またのちの護憲運動・普選運動をも準備したのである。両者は最初からぴったりと結びついており、切り離すのは難しいものなのであった。

（注）1 日比谷焼き打ち事件 ―― 明治三八年（一九〇五）九月五日、東京の日比谷公園で開かれた日露戦争講和条約の反対運動に集まった民衆が警官と衝突し、暴動にまで発展した事件。

2 深井英五 ―― 日本の銀行家、経済学者（一八七一～一九四五）。

3 片山〔二〇〇九〕 ―― 片山慶隆『日露戦争と新聞――「世界の中の日本」をどう論じたか』講談社選書メチエ、二〇〇九年。

4　木下〔二〇一三〕――木下直之『戦争という見世物――日清戦争祝捷大会潜入記』ミネルヴァ書房、二〇一三年。

5　松山〔二〇〇九〕――松山巖『群衆――機械のなかの難民』中公文庫、二〇〇九年。

6　河野広中――日本の政治家（一八四九～一九二三）。

7　小川平吉――日本の政治家（一八七〇～一九四二）。

8　松尾〔二〇〇一〕――松尾尊兊『大正デモクラシー』岩波現代文庫、二〇〇一年。

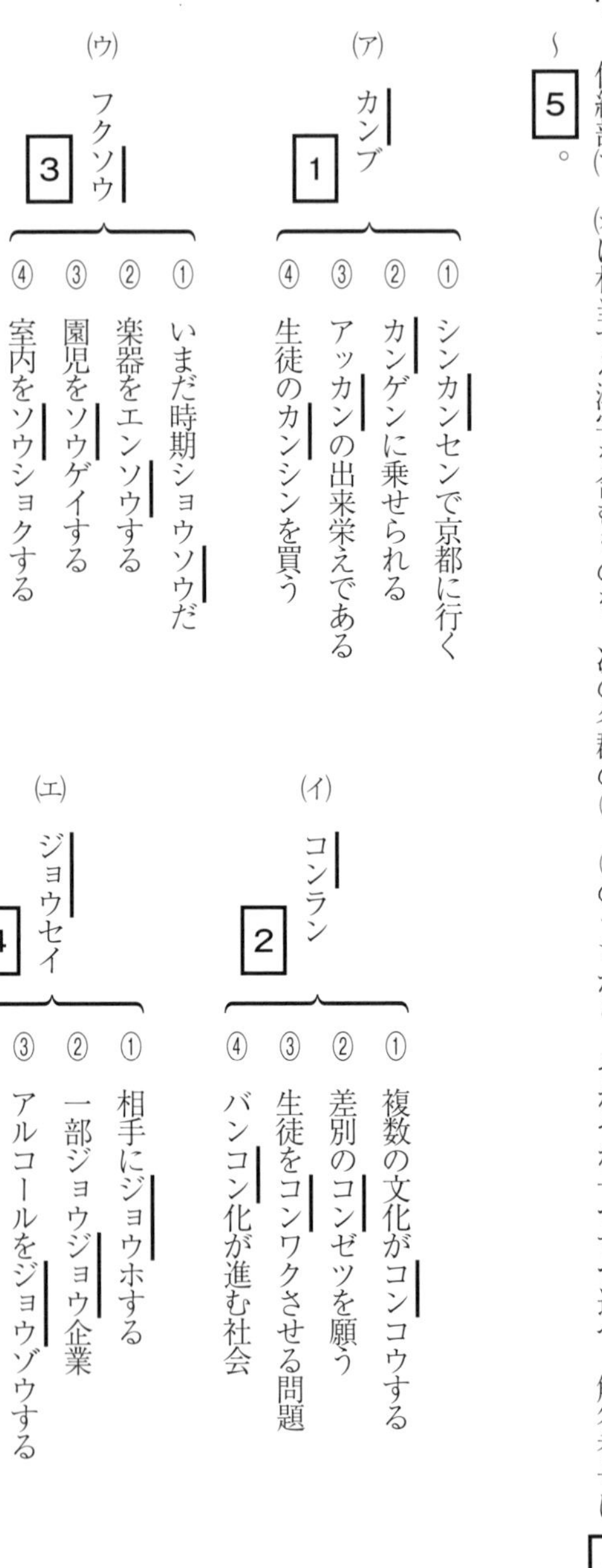

問1 傍線部(ア)〜(オ)に相当する漢字を含むものを、次の各群の①〜④のうちから、それぞれ一つずつ選べ。解答番号は 1 〜 5 。

(ア) カンプ 1
① シンカンセンで京都に行く
② カンゲンに乗せられる
③ アッカンの出来栄えである
④ 生徒のカンシンを買う

(イ) コンラン 2
① 複数の文化がコンコウする
② 差別のコンゼツを願う
③ 生徒をコンワクさせる問題
④ バンコン化が進む社会

(ウ) フクソウ 3
① いまだ時期ショウソウだ
② 楽器をエンソウする
③ 園児をソウゲイする
④ 室内をソウショクする

(エ) ジョウセイ 4
① 相手にジョウホする
② 一部ジョウジョウ企業
③ アルコールをジョウゾウする
④ ジョウチョウな説明

(オ) キゲン 5
① 人生のキロに立つ
② キショウの時間になる
③ ハクアキの地層
④ 能力をハッキする

問2　③段落中に「新聞」に掲載されたデータが引用されているが、文章の筆者がこれを引用した目的を説明したものとして最も適当なものを、次の①〜⑤のうちから一つ選べ。解答番号は **6** 。

① 日露戦争の開戦初期の段階から、国民が熱心に戦争を支持していたという事実を示すため。
② 戦勝祝捷会や提灯行列が熱狂的な群衆を生み出す大きな契機となったという事実を示すため。
③ 国民の戦意高揚のために戦勝祝捷会が催されたのは、東京に固有の現象であったという事実を示すため。
④ 日露戦争の終結を契機として、勝利への熱狂に駆られた群衆が形成されたという事実を示すため。
⑤ 開戦時は戦争に熱心でなかった国民を煽動するために、官憲が群衆を利用したという事実を示すため。

問3 傍線部A「『皇居』と『日比谷公園』はこの時代日本の群衆の統合点であり、沸騰点であった」とあるが、ここでの「沸騰点」という表現について説明したものとして最も適当なものを、次の①～⑤のうちから一つ選べ。解答番号は **7** 。

① 群衆とメディアと権力とが共謀したことで、国威がこれ以上ないほどに高揚したということを表している。
② 群衆の戦勝に熱狂する度合いについて、地方に比べて東京のほうが激しかったということを表している。
③ 皇居の象徴する神聖さと比較すると、日比谷公園の持つ通俗性がより明瞭に意識されることを表している。
④ 権力に対して抗おうとする意思も働いていたであろう群衆の狂乱が、ピークに達した状態を表している。
⑤ 日露戦争を端緒として日本に初めて形成されたナショナリズムが、一気に頂点に達した状態を表している。

問4　16段落中に挙げられている「事例」は、どのようなことを示すためのものか。最も適当なものを、次の①～⑤のうちから一つ選べ。解答番号は **8** 。

① 戦勝祝捷会や提灯行列という形で現れた熱狂する群衆の存在を、ついに新聞も無視することができなくなったということ。

② 全国へと広がってゆく、熱狂する群衆の引き起こす事件の背後には、政友会と憲政本党との間の確執があったということ。

③ 日本全国のあらゆる地域において、権力に反旗を翻し、国家の転覆をもくろむ群衆たちの運動が展開されていたということ。

④ 権力を批判する新聞の激しい運動が、群衆とメディアとの決裂をもたらし、それが日比谷焼き打ち事件へと帰結したということ。

⑤ 群衆の引き起こす事件においては、権力への批判を展開する新聞というメディアの存在がおおいに関係していたということ。

問5　傍線部B「それは運動の形式と内容の二つの面から指摘しうる。」とあるが、どういうことか。その説明として最も適当なものを、次の①～⑤のうちから一つ選べ。解答番号は 9 。

① 新聞社や政党人、実業団体員、弁護士などが、のちに護憲運動や普選運動へと展開させていくことを意図して、群衆たちによって先導された日露戦争講和条約反対運動を、そのために利用しようと考えていたことは明らかだと言える。

② 日露戦争講和条約反対運動は日比谷焼き打ち事件へと帰結することになるが、そうした運動の形成にあたっては、新聞社や新聞記者が中心的な役割を果たすことになり、そうした手法は、のちの護憲運動や普選運動にも引き継がれていったと言える。

③ 日露戦争中に、『万朝報』は、戦争において国家のために義務を果たすことが要求されるなら、国民の権利の拡張も同時に為(な)されるべきであるという主張を展開したが、こうした発想が、のちの護憲運動や普選運動を準備したと言える。

④ 陸羯南の『日本』は、兵役の負担が強いられるなら国民の政治に参加する権利は保障されるべきであると主張して群衆の運動を先導したが、同じ時期には島田三郎などにより、それとは対立する主張も唱えられており、メディアの論調は一枚岩ではなかったと言える。

⑤ 新聞が中軸となり展開されたという点および国民としての義務の負担と国政へ参加する権利との等価性が論じられたという点において、日露戦争をめぐって生じた群衆の運動は、のちの護憲運動や普選運動へとつながるものであったと言える。

問6　この文章を授業で読んだNさんは、日露戦争をめぐる群衆の形成に興味をもった。そこで出典の『戦前日本のポピュリズム』を読み、【ノート】を作成した。空欄［　　　］に入る最も適当なものを、次の①〜⑤のうちから一つ選べ。解答番号は［10］。

【ノート】

本文を含む本書第1章の最後で、夏目漱石の小説「坊っちゃん」（一九〇六年発表）が引用されていた。

祝勝会で学校はお休みだ。……生徒は小供の上に、生意気で、規律を破らなくっては生徒の体面にかかわると思ってる奴等だから、職員が幾人（いくたり）ついて行ったって何の役に立つもんか。命令も下さないのに勝手な軍歌をうたったり、軍歌をやめるとワーと訳もないのに鬨（とき）の声を揚（あ）げたり、まるで浪人が町内をねりあるいてるようなものだ。軍歌も鬨の声も揚げない時はがやがや何か喋舌（しゃべ）ってる。……いくら小言を云（い）ったって聞きっこない。喋舌るのもただ喋舌るのではない、教師のわる口を喋舌るんだから、下等だ。おれは宿直事件で生徒を謝罪さして、まあこれならよかろうと思っていた。ところが……謝罪だけはするが、いたずらは決してやめるものでない。よく考えてみると世の中はみんなこの生徒のようなものから成立しているかも知れない。……もし本当にあやまらせる気なら、本当に後悔するまで叩きつけなくてはいけない

考察　筆者は松山巖の考察を援用しながら、この日比谷焼き打ち事件の翌年に書かれた作品に、漱石の近代人批判が読み取れると考える。すなわち、［　　　］ということだ。

フィクションである文学作品も、それが発表された同時代についての知識や情報を参照することで、こうした興味深い解釈をすることができるとわかった。

①「坊っちゃん」に描かれる生徒たちの無軌道で暴力的、かつ無責任なありようは、日比谷焼き打ち事件を引き起こすような熱狂的な群衆を象徴するものであり、「本当に後悔するまで叩きつけなくてはいけない」という言葉には、そうした群衆への漱石の嫌悪感を読み取ることができる

②「坊っちゃん」に描かれる生徒たちの言動は権力の横暴に対する抵抗として発されたものであり、そうした姿勢がのちに護憲運動や普選運動という社会正義へとつながっていくことに鑑みるなら、そこには評価すべき面もあるという漱石の考えを読み取ることができる

③「坊っちゃん」に描かれる生徒たちの一見すると無秩序なふるまいの裏には、それを陰から操る新聞社の存在がうかがわれ、「謝罪だけはするが、いたずらは決してやめるものでない」という言葉には、そうした無責任なメディアに対する漱石の憤りをはっきりと読み取ることができる

④「坊っちゃん」に描かれる生徒たちの自由で天真爛漫（てんしんらんまん）な様子は、日比谷焼き打ち事件に象徴されるような当時の日本社会に底流する鬱屈を晴らしてくれるようなところもあり、若者の傲慢を苦々しく思いつつも彼らに日本の将来を託そうとする、漱石の期待を読み取ることができる

⑤「坊っちゃん」に描かれる生徒たちの大人の手に余るような態度は、日露戦争での勝利に度を越えて高揚する国民意識を象徴するものであり、「職員が幾人ついて行ったって何の役に立つもんか」という言葉からは、そうしたナショナリズムの暴走に対する漱石の無力感を読み取ることができる

第2問

次の文章は、車谷長吉「武蔵丸」（二〇〇〇年発表）の一節である。「私達」夫婦は、舎人公園という大きな公園を散策中に兜虫を見つけ、「武蔵丸」と名づけて飼うことにした。以下はそれに続く場面である。これを読んで、後の問い（**問1〜6**）に答えよ。なお、設問の都合で本文の上に行数を付してある。（配点　50点）

　夜になった。会社の元同僚・小川真理子さん宅では以前、子供が兜虫を飼うていたという話を思い出したので、電話をした。真理子さんは、うちで飼っていた兜虫は小石川後楽園で捕まえたものですが、好物は西瓜、メロンなど甘いもので、九月十五日に死にましたと言うた。日本昆虫図鑑を見ると、兜虫はこがね虫科の昆虫で、別名、さいかち虫、自分の体重の百倍ものものを引く力を持っており、もぐり、けとばし、ぶちかまし、おしあい、つのあて、はねとばし、かかえあげ、てこあげ、などの技で遊び、併し目はほとんど見えず、口の両側に付いている二本の髭と角の先で、餌や牝の匂いを嗅ぎ当て、初夏に生れ、初秋に死ぬと出ていた。

　真理子さんの話から、丁度その夜、いただき物のメロンがあったので、それを一切れ籠（注1）の中に入れてやると、武蔵丸は後ろ足をばたばたさせて齧り付いた。舎人公園の自然の中では、櫟や皀莢の樹液ぐらいしか吸うたことがなかったに相違なく、メロンのような甘い汁を吸うのははじめてだっただろう。全身を顫わせて齧り付くその姿に、胸を衝かれた。

　ところが、その翌朝起きて見ると、武蔵丸が籠の中にいない。籠は居間の箪笥の上において寝たのである。角で籠を持ち上げ、逃亡したのだった。図鑑に力持ちとは出ていたが、まさか弁慶籠を持ち上げて逃亡するとは、まさに武蔵坊弁慶である。A<u>私も嫁はんも虚を衝かれたような形だった。</u>すぐに家の中を(ア)<u>くま無く</u>捜した。すると、（注2）厨の土間の上に足を上にしてころがっていた。こんどは籠の上に丼鉢を被せた。夜行性なので昼間はじっと眠っており、その黒褐色の翅の輝きは、まるでストラディヴァリウスのヴァイオリンのようだった。

　最初の夜はメロンを上げたが、そんな高価な果物はいつもいつもうちにあるわけがないので、次ぎの夜からは、嫁はんが八百屋で買うて来た西瓜を上げた。すると、驚いたことに自分の躯（からだ）と同じぐらいの量を食べ、またそれと等量ぐらいの赤い小便をするのだった。小便をする時は、後ろ足の片っぽを上げて、ぴッと後ろに飛ばすのである。ある夜、箪笥の上の籠を覗（のぞ）き込んでいたら、私の顔にぴッと小便を引っ掛けた。嫁はんが笑った。

夕飯後はいつも籠から出して、台所の板の間に放してやった。すると、けとばし、ぶちかまし、てこあげ、などで遊び、ある時は電気冷蔵庫のそばまで這（は）って行って、角で冷蔵庫を持ち上げようとするのだった。

八月のお盆が過ぎた。嫁はんが夏休みにどこかへ（イ）骨休めに連れて行ってくれと言うので、私達は奥秩父（ちちぶ）の名栗（なぐり）温泉・大松閣へ行った。昔、若山牧水（わかやまぼくすい）がしばしば逗留（とうりゅう）し、「杉落葉しげき渓間（たにま）の湯のやどの屋根にすてられて白き茶の花。」「わかし湯のラヂウムの湯はこちたくもよごれてぬるし窓に梅咲き。」などと詠んだ宿である。無論、武蔵丸を放っておいて出掛けるわけには行かないので、西瓜を持ち、籠ごと紙袋の手提げに入れて連れて行った。西武池袋線飯能駅で下車して、バスに乗り換えると、バスの振動を恐がって、籠の中でさかんに暴れた。

（中略）

九月に入ると、うちの風呂釜のガスが毀（こわ）れた。東京ガスの人に来てもらって、その修繕工事をしてもらいはじめた。ガス屋は電動鋸（のこぎり）で、ガス保温機の蓋を開けようとする。ガッ、ガッ、ガッ、という物凄（すさ）まじい振動音が家全体に響いた。すると、武蔵丸はまたその振動音に怯（おび）え、籠の中で暴れた。

いよいよ九月十五日が近づいて来た。真理子さん宅の兜虫が死んだ日である。が、うちの武蔵丸の身には何事もなく、その厄日が過ぎた。次ぎの目標は、九月十九日である。と言うのは、九月十九日は武蔵丸が「（注3）蟲息（ちゅうそく）山房」へ来て二ヶ月目の日である。その頃から、私達夫婦は朝な朝な祈るような気持で、弁慶籠を覗き込むようになった。が、その九月十九日も無事過ぎた。

九月二十日、熱海の新藤凉子さんから、うちの嫁はん宛てに手紙が届いた。

《今日で、我がつれあい（註・古屋奎二近畿大学中国文化史教授）の長い夏休みは終りです。我が家でも、カブト虫を虫かごに飼っていて、つれあいは「昆虫えさマット若葉」という土を買ってきて、その上、栄養ゼリーという天然樹液入りのハチミツのようなものをあたえています。ツノを一㎜のばすと、百万円だとか申し、カツオ節をすり鉢ですって、栄養ゼリーにまぜたのですが、カブト虫はそれを無視して、食べませんでした。木の枝のようなものも買ってきて、その頂上で、エサをとられまいとがんばっているようです。この頃は土の中で寝るようになりました。六年ぐらいは生きるそうです。》

私は「百万円」とか「六年ぐらい生きる」の文字から、新藤さんは兜虫と鍬形虫とを錯誤しているな、と思うた。(ウ)果たして次ぎの手紙には、《うちのは、カブト虫ではなく、くわがたでありました。エサをやりますと、指にかみつくので、「恩知らず」と呼んでおります。》と記してあった。その直後に、新藤さんから電話が掛かって来たので、尋ねると、伊豆の大室高原の別荘の窓から飛び込んで来たの、と言うた。

「新藤さん、あなた恩知らずなんて名前つけたそうだけど、それは飼い主に似てるから、そうなんだ。」

「何言ってんのよ。うちの鍬形は七年は生きるってよ。お宅の兜虫なんて、半年じゃないの。あした死ぬよ。」

新藤さんは憎らしいことを言うのだった。B糞ッ、と思うた。私が一番気にしていることを突いて来たのである。

十月になった。だんだんに秋が深まって来る。武蔵丸が生きているのが、不思議な気がした。それは単なる虫ではなく、恰かも何か我が家の神であるような気がした。私達は電車に乗って、代々木公園へ兜虫が好きな櫟の葉をいっぱい拾いに行った。が、困ったことに、この時分から八百屋の店先から西瓜が消えた。それでも嫁はんが何軒も捜し廻って、ようやく買うて来た。糖尿病の人の利尿食として、西瓜は世の必需品なのだそうである。ところが、切って見ると、中身の赤い部分がどろどろに溶けていた。そんなものを武蔵丸に喰わすわけには行かない。嫁はんに聞いてみると、西瓜は一個二百円だったと言う。Cそれではならじと、私が千八百円出して、メロンを買うて来た。私は生来、けちで吝嗇で強欲で、道に痰を吐くのも惜しいと思うような男であるが、併し武蔵丸のためならば、いくら金を出しても、惜しいと思わないのだった。

けれども、だんだんに秋が深まって来るのである。それはそれだけ武蔵丸の死が近づいて来ることである。無論、武蔵丸は虫であるから、過去現在未来という時間意識がなく、従って自分が死ぬことを知らないのであるが、併し私達夫婦は死の危機感に苛（さいな）まれるようになった。人だけがみずからが死ぬことを知っている悲しい生物（いきもの）である。

十月半ばが過ぎた。<u>もうその日その日の最低気温は摂氏十五度を切るようになった。</u>（D）電気冷蔵庫のそばならば、一、二度温度が高いかも知れないと思うて、籠を移すと、武蔵丸は食事をしなくなった。冷蔵庫の振動音に拒絶反応を示したのだった。

私は嫁はんに命じて、いつもの年より一ヶ月半も早く電気絨毯（じゅうたん）を出させ、その上に茣蓙（ござ）を敷き、さらにその上にビニール袋、何枚もの新聞紙を重ねて、武蔵丸の弁慶籠をその上に移し、上から風呂敷を被せるようにした。すると、風呂敷の内側では摂氏二十八度ぐらいになった。

（注）１　籠――「私達」夫婦は、弁慶籠という米を洗う時に使う籠を逆さに伏せて、その中に武蔵丸を放ち、飼っていた。

２　厨――調理場のこと。

３　蟲息山房――「私達」夫婦は、自分たちが住んでいた家を、戯れに「蟲息山房」と呼んでいた。

問1 傍線部(ア)〜(ウ)の本文中における意味として最も適当なものを、次の各群の①〜⑤のうちから、それぞれ一つずつ選べ。解答番号は 11 〜 13 。

(ア) くま無く 11
① 隅々まで
② しつこいほど
③ 神経質に
④ 慌てて
⑤ 注意深く

(イ) 骨休め 12
① 避暑地でくつろぐこと
② 身体を休め疲れを癒すこと
③ 旅行を楽しむこと
④ お墓参りにいくこと
⑤ 温泉で治療をすること

(ウ) 果たして 13
① 皮肉にも
② 幸運なことに
③ 思ったとおり
④ えてして
⑤ 予想外に

問2 傍線部A「私も嫁はんも虚を衝かれたような形だった。」とあるが、ここから読み取れる「私」と「嫁はん」の心情はどのようなものか。その説明として最も適当なものを、次の①〜⑤のうちから一つ選べ。解答番号は 14 。

① 公園で見つけ、大切に飼おうと思って持ち帰った兜虫が、一晩明けてみると弁慶籠から逃げ出していることに気づき、虚脱感に襲われている。

② いくら家の中で飼っていようと、弁慶籠から逃げ出してしまった兜虫を見つけることはおそらくもうできないだろうと諦め、深く落胆している。

③ いくら力の強い昆虫とはいえ、兜虫には重たいはずの弁慶籠を持ち上げてまで逃げ出すなどということは予想すらしておらず、非常に驚いている。

④ 図鑑を読んで力持ちとは知ってはいたものの、兜虫の小さな身体に秘められたその力を実際に目の当たりにしたことで、心の底から感動している。

⑤ メロンのようなごちそうまで与えたのに逃亡などするとはまったく思いもつかぬことで、そんな兜虫への憤りを抑えることができないでいる。

問3　傍線部B「糞ッ、と思うた。」とあるが、「私」が心の中でそうつぶやいたのはなぜか。その説明として最も適当なものを、次の①～⑤のうちから一つ選べ。解答番号は 15 。

① 新藤さんの鍬形よりも武蔵丸が先に死ぬわけなどないとはわかってはいるが、実際に「あした死ぬ」と言われるとやはり気になってしまい、非常に腹立たしく思ったから。

② 大事な武蔵丸が近いうちに死を迎えるかもしれないという最大の心配事について、新藤さんがそれを「私」への意趣返しの言葉に用いたことを、いまいましく思ったから。

③ 武蔵丸がいつ死んでもおかしくはないという不安におののくなか、新藤さんに、他でもない明日の死を予告されたことで、心が激しく動揺してしまったから。

④ 新藤さんにかけられた無慈悲な言葉によって、それまであまり考えていなかった武蔵丸の死が妙に意識されてしまい、いらついてしかたなかったから。

⑤ 自分に対して一方的にけんかを売ってくる新藤さんの人格や人間性が疑われてしまい、その冷酷な言葉についても、激しい憤りを感じざるを得なかったから。

問4 傍線部C「それではならじ」とあるが、ここから読み取れる「私」の心情はどのようなものか。その説明として最も適当なものを、次の①～⑤のうちから一つ選べ。解答番号は **16** 。

① 生来のけちな性格ゆえ、兜虫のエサとして西瓜に二百円払うのはやはり惜しいと思われてしまうが、それでも武蔵丸には、なるべく良いものを食べさせてやりたいと思っている。

② お金を払って購入した貴重な西瓜が、切ってみると中身がどろどろに溶けていることに気づき、そのようなものを売りつけた八百屋や買ってきた妻に、激しい憤りを覚えている。

③ 我が家の神とも言える武蔵丸の食べものに珍しくもない西瓜などを与えてしまったことを後悔し、最初から高級なメロンを食べさせるべきであったと自分を責めている。

④ 一個二百円ごときの西瓜ではきちんと実が成らずに劣った品質になってしまうのも無理はないと思い、武蔵丸のために思い切って千八百円のメロンを購入することを決意している。

⑤ いよいよ特別な存在となっていく武蔵丸には、たとえ値が張ろうとも良いものを食べさせてやりたく、間違ってもいい加減なものなどを与えるわけにはいかないと強く思っている。

問5　傍線部D「もうその日その日の最低気温は摂氏十五度を切るようになった。」とあるが、この傍線部を含む場面から読み取れる「私」の心情はどのようなものか。その説明として最も適当なものを、次の①〜⑤のうちから一つ選べ。解答番号は 17 。

① いつのまにか冬も近づいてきたが、それは武蔵丸の死ぬときも目の前に迫ってきたことを意味し、そこから自らや妻にもいずれ訪れる死が連想されたことで、人間という存在の無常に気づき深く絶望している。

② しだいに秋も深まりますます気温も下がってゆくなか、いよいよ間近に迫る武蔵丸の死を意識しないではいられず、なんとか少しでも長生きさせることはできないかと、悲しみにうちひしがれながらも思案している。

③ 武蔵丸の死がいよいよ間近に迫りつつあることを実感し、どうせ死ぬのならせめて安らかに逝かせてやりたいと願い、どのようにすれば幸せな最期を準備してやることができるか、あれこれと考えている。

④ 兜虫の習性を考えればとっくに死んでいてもおかしくないはずなのに、気温が下がった今この時もしっかりと生きている武蔵丸の姿を見ると、この昆虫にふさわしい生命力を感じ、おおいに胸を打たれている。

⑤ 過去現在未来という時間意識を持つ人間は、みずからがいずれ死ぬことを自覚しないわけにはいかないため、それを知ることがなく、平穏な一生を過ごすことのできる兜虫を、心底からうらやましく思っている。

問6　次に示す【資料】は、この文章（車谷長吉「武蔵丸」）の所収されている単行本『武蔵丸』（新潮文庫）に掲載された批評（評者は田中和生）の一部である。これを踏まえたうえで、後の(i)・(ii)の問いに答えよ。

【資料】

あくまで日常での実感にもとづきながら、虚構も交えながらその実感に見あう表現を定着しようというのは、現在の短歌や俳句が辿（たど）りついている表現論の地点である。定型としての「私小説」もまた、車谷長吉氏の作品が証明するようにおなじ場所まで辿りついているということができる。これから先、車谷氏がどのようにその表現を鍛えあげていくのかはまだわからない。作者の実としての物語と虚としての物語の関数を追求するのかもしれないし、虚としての物語を肥大させ、ついには「私小説」の枠組みを破ってしまうのかもしれない。また「私小説」自体が定型として、車谷氏に匹敵する個性的な作者を生み出していくかもしれない。いずれにしても、いまはわたしたちは、短篇（たんぺん）「武蔵丸」のような、カブトムシをほとんど家族の一員としてあつかうという虚構に覆われた世界からもれ聞こえてくる作家の肉声に耳を傾けるばかりだ。

田中和生「定型としての『私小説』」（『武蔵丸』二〇〇四年）

(i)　【資料】の二重傍線部に「『私小説』の枠組みを破ってしまう」とあるが、それはどのようなことか。評者の意見の説明として最も適当なものを、次の①～④のうちから一つ選べ。解答番号は 18 。

①　日常に向き合い、そこから得られる実感を真摯に書き綴（つづ）ってゆくこと。
②　作者の実と虚とを織り交ぜた内容の物語を編んでゆくこと。
③　リアリズムを超えた、フィクションとしての物語を表現すること。
④　個性的な作者を生み出すような、影響力のある作品を創作すること。

(ii) 【資料】の評者は「私小説」について論じるうえで「虚構」という概念に着目しているが、これに通じる本文中の表現として、評者の見解と異なるものはどれか。最も適当なものを、次の①～④のうちから一つ選べ。解答番号は 19 。

① 夜行性なので昼間はじっと眠っており、その黒褐色の翅の輝きは、まるでストラディヴァリウスのヴァイオリンのようだった。(13～14行目)

② 夕飯後はいつも籠から出して、台所の板の間に放してやった。(19行目)

③ 無論、武蔵丸を放っておいて出掛けるわけには行かないので、西瓜を持ち、籠ごと紙袋の手提げに入れて連れて行った。(23～24行目)

④ 私は嫁はんに命じて、いつもの年より一ヶ月半も早く電気絨毯を出させ、その上に茣蓙を敷き、さらにその上にビニール袋、何枚もの新聞紙を重ねて、武蔵丸の弁慶籠をその上に移し、上から風呂敷を被せるようにした。(61～62行目)

予想問題・第2回

100点／40分

第1問

次の文章は、宇野重規（うのしげき）『民主主義とは何か』の一部である。これを読んで、後の問い（問1〜6）に答えよ。なお、設問の都合で本文の段落に1〜14の番号を付してある。（配点　50点）

1　一九七一年、アメリカの政治哲学者ジョン・ロールズは『正義論』を発表します。この著書は「政治哲学の復権」をもたらし、正義をめぐる検討を再び現代社会における重要な主題にしました。このことを民主主義論の視点から、どのように捉えるべきでしょうか。

2　ちなみにロールズは、大学卒業後、第二次世界大戦における対日戦に参加しています。死線をさまよい、戦友を失うと同時に自ら傷を負ったロールズは後年、そのことについて思索を深めることになりました。友人は死に、自分は生き残りましたが、その違いを生んだのはわずかな(ア)グウゼンです。人の運命を決めるのは、本人の責任だけではありません。そこからロールズは、どうすれば人々を道徳的に平等な存在とした上で、社会的協働を実現できるかを考えました。その思索においては、自由かつ平等な存在が等しく遇される秩序ある社会とは何か、が重要なポイントになりました。

3　ロールズが『正義論』を(イ)シッピツする際に対抗しようとしたのは、X功利主義の伝統です。社会全体の効用を最大化しようとする功利主義に対し、ロールズは人格の個別性を重視しました。「最大多数の最大幸福(注1)」ではなく、一人ひとりの人間の人格にこだわったのです。人格の複数性を重視する点において、ロールズの関心はアーレントとつながるものをもっていました。何を善と考えるかは人によって多様です。しかし、多様な善の構想を抱く人々が、公共的な仕方で正義のルールを承認すれば、多様性と秩序を両立させることが可能なはずです。このことを論証するのが『正義論』の課題でした。

4　この課題に応えるため、ロールズは社会契約論(注2)の伝統に注目します。Y社会契約論においては、社会が成立する以前に個人が置かれた状態を自然状態と呼びましたが、ロールズはこれを原初状態と言い換えます。この原初状態において、人々は「無知のヴェール」をかけられ、自分の性別や年齢、資産や能力などの属性がわからなくなります。そのような状態において、理性ある人間たちはいかなる正義のルールにならい合意しうるか。このような、いわば思考実験によって示されるのが、正義の二原理です。

5 具体的には、平等な自由を掲げる第一原理と、公正な機会均等の下、もっとも恵まれない人の境遇を最大限に改善する限りで格差は認められる（不平等が正当化されるのは、それがもっとも恵まれない人の利益になり、その人の視点からみても受け容(い)れられるときに限られる）という第二原理です。人は自分がもっとも不利な条件で生まれ落ちる可能性を考えたとき、この原理を選ぶはずだというのがロールズの主張でした。

6 しかしながら、民主主義論として『正義論』を読む上で重要なのは、このようにして導かれた正義の二原理を、私たちがもつさまざまなレベルの道徳的判断と整合させていくことです。これをロールズは A反省的均衡と呼びますが、単に一定の条件の下、合理的に正義の原理を演繹(えんえき)するだけでなく、それを一人ひとりの個人が自らのものとしていくことが大切なのです。もし正義の原理が自分のいま抱いている道徳的判断と食い違うなら、正義の原理のシミュレーションをやり直すか、自分の道徳的判断を疑ってみるしかありません。この繰り返しをロールズは強調したのです。

7 ここで注目すべきは、ロールズが正義感覚と呼ぶものです。正義感覚とは、正義にかなったルールに基づいて、他者を配慮して行為することへの感覚もしくは能力のことです。ロールズはこの感覚もしくは能力を人々が涵養(かんよう)していくことを重視しました。言い換えれば、自分の考える善を絶対化するのではなく、それとは異なる考えの持ち主がいることを認め、その上でなお合意できるダ(ウ)トウな原理を、私たちが共同して見出していくことが重要だったのです。『正義論』から後年の『政治的リベラリズム』（一九九三年）へと議論を展開していくなかで、この視点はさらに民主的社会における公共的な政治文化として発展しました。

8 このようなロールズの議論は、学問的意義に止まるものではありません。ロールズが前提とするのは、政治的、宗教的、あるいはいかなる理由であれ、互いに相容れないと考える価値観や世界観の対立です。対立する双方が、相互に自分が正しいと主張して譲らなければ、議論は分極化するばかりです。必要なのは、それぞれの価値観や世界観を前提に、それでもともに一つの政治社会をつくっていくための公正な手続きです。そのための合意の思想的な(エ)キソを考えようとしたのが、ロールズの『正義論』でした。

9 ロールズの『正義論』については、もちろんそこで示された正義の二原理が重要です。しばしば注目されるのは第二原理、とくに、もっとも恵まれない人の境遇を最大限に改善する限りで格差は認められるというB格差原理でしょう。財の配分パターンは、社会のなかでもっとも不遇な人々の生の見込みを、可能なかぎり最大化するものでなければなりません。もしもっとも不遇な人々の尊厳が否定され、絶望するような財の配分パターンであるならば、それを認めるわけにはいかないのです。しかしながら、この原理は、実質的な財の配分パターンを、完全に平等にすることを意味しません。ロールズは社会主義者ではないのです。

10 その意味で、ロールズが第一原理として平等な自由、そして第二原理において機会均等を掲げていることの意味を見落とすわけにはいきません。ロールズはこの順序を重視しています。言い換えれば、まずは平等な自由が大切であり、これが実現されている限りで第二原理の達成が目指されるのです。平等な自由を損なってまで、あるいは第二原理でいう公正な機会均等が制限されてまで、格差の是正が目指されるわけではありません。

11 ロールズはむしろ、不平等の存在を認めているともいえます。例えば、高度な技能をもつ人が所得などの面で優遇されることは当然とされます。その技能が社会全体にとって有益であるとすれば、そのような技能をもつ人を優遇することは正当化されるのです。逆に、その優越的な地位が、社会全体にもたらすものと比べて不当に高いものであれば、それは批判されてしかるべきです。ロールズが重視したのは、いかなる不平等がどこまで認められるべきか、ということでした。

12 しかし、それでもなお、ロールズが、市民の自尊心や、自分を価値ある存在として捉える感情を毀損(きそん)するような政治的・経済的不平等を認めなかったことは重要でしょう。市民の人格的独立を損なうような不平等を認めるわけにはいかない、この原則は、民主主義論にとっても死活的に重要な意味をもちます。人々が相互に自由で平等な人格をもつものとして協働するような秩序を構想するにあたって、もし政治的・経済的不平等がいかなる制約も受けないならば、そのような秩序は持続しません。

13　ロールズは現実の福祉国家については、むしろ批判的でした。社会的なミニマムは保障するものの、もっぱら事後的な再分配に終始するならば、受動的な市民を生み出すばかりです。さらに福祉国家型の資本主義は、不動産における非常に大きな不平等を(オ)キョヨウします。ロールズはこれに対して「財産所有の民主主義」を訴え、富と資本の所有を分散させ、事前の分配を重視する政策を主張しました。「適正な程度の社会的・経済的平等を足場にして自分自身のことは自分で何とかできる立場にすべての市民をおく」ことを重視したのです（『公正としての正義　再説』田中成明他訳、岩波現代文庫、二七八頁）。ロールズはとくに、教育を通じての人的資本の所有の確保を強調しています。

14　一般に福祉国家型のリベラリズムを擁護しているとみられがちなロールズですが、むしろ福祉国家の現状を批判して、さらに踏み込んで「財産所有の民主主義」を主張していることは、民主主義の現在を考える上でも重要であるといえるでしょう。その内容が十分に具体化されているとはいい難いものの、ピケティ(注3)の「世界的な資本課税」の議論と合わせ、富と資本の所有の集中をいかに防止するかという課題を考える上で非常に示唆的です。

（注）1　アーレント――ドイツ出身で、後にアメリカ国籍を得る政治思想家（一九〇六～一九七五）。

2　社会契約論――社会契約説。平等な個々人の契約によって、人間は自然状態を脱し、社会を形成するという考え方。代表的論客は、ホッブズ、ルソー、ロックなど。

3　ピケティ――フランスの経済学者（一九七一～）。

問1 傍線部(ア)〜(オ)に相当する漢字を含むものを、次の各群の①〜④のうちから、それぞれ一つずつ選べ。解答番号は 1 〜 5 。

(ア) グウゼン 1
① ショグウを改善する
② グウジを務める
③ 庭園のイチグウ
④ グウスウと奇数

(イ) シッピツ 2
① シツジを雇う
② 相手のカシツを責める
③ ヒンシツを保証する
④ シッペイに苦しむ

(ウ) ダトウ 3
① スクリーンにトウエイする
② 用意がシュウトウだ
③ 条件にガイトウする人間
④ 前人ミトウの地

(エ) キソ 4
① 国家キミツの情報
② 新商品をキカクする
③ キンキを破る
④ 赤をキチョウとした服装

(オ) キョヨウ 5
① トッキョの申請
② 提案をキョゼツする
③ キョジャクな体質
④ 空地を不法にセンキョする

問2　波線部X「功利主義」および波線部Y「社会契約論」について、本文での説明として最も適当なものを、次の①～⑤のうちから一つ選べ。解答番号は 6 。

① ロールズは、人間を抽象的な集団として想定する功利主義を批判し、人々が個々に抱く多様な正義と社会の秩序との相克をいかに乗り越えるかについて、社会契約論の考え方を援用しながら模索した。

② ロールズは、「最大多数の最大幸福」を是とする功利主義を批判し、いかにすれば多様な善から一つの社会的正義を選び出すことができるかについて、社会契約論の考え方を参照しながら追求した。

③ ロールズは、社会全体の効用を最大化しようとする功利主義の考え方について、功利主義の理論的なよりどころとなっている社会契約論にまでさかのぼることによって、それを徹底的に批判した。

④ ロールズは、正義の多様性と社会秩序との間の矛盾を解消するため、彼にとっての理論的支柱であった社会契約論の考え方に言及しながら、人格の複数性を重く見る功利主義の伝統に対抗しようとした。

⑤ ロールズは、人格の個別性を尊重し、人々が多様な正義を抱くことのできるような自由を構想したが、その際、功利主義や社会契約論に基づき、自由に伴う自己責任という概念の重要性を唱えもした。

問3　傍線部Ａ「反省的均衡」とあるが、それは私たちが具体的にどうすることを言うのか。その内容の説明として最も適当なものを、次の①～⑤のうちから一つ選べ。解答番号は 7 。

① 人々が平等で自由な存在であることを主張する第一原理と、そして最も不遇な人々を救済するならば格差は正当化されると考える第二原理とを、自らの道徳的判断における自明の前提として内面化していく。

② 民主主義における正義というテーマを考えるうえで重要とされる第一原理と第二原理について、思考実験とシミュレーションを徹底的に繰り返していくことによって、その理論的な精度を向上させていく。

③ 平等な自由、および条件付きで格差を是認するという二つの考え方について、それらを所与の前提とはせずに批判的に検討したり、あるいは自己の道徳的判断を修正したりするということを続けていく。

④ 理性ある人間たちであれば、自分が最も不利な境遇に生まれる可能性もあったことを自覚することができるが、そうした思考実験を続けることによって、自己の道徳的判断を不断に修正し続けていく。

⑤ 正義を実現していくうえで何より欠かせないのは個々人の平等であり、そうした正義の原理にもとる言動を自らがとっていないかを繰り返し反省することによって、自己の道徳的判断の正しさを確信していく。

問4　傍線部Ｂ「格差原理」とあるが、ロールズは格差というものについてどのように考えているか。その説明として最も適当なものを、次の①～⑤のうちから一つ選べ。解答番号は **8** 。

① 正義に見合った財の配分パターンを構想するうえでは、いかなる不平等もそこに認めるわけにはいかない。
② 高い技能を持つにもかかわらず正当に評価されないと、人は自分を価値ある存在として認識できなくなる。
③ 高い技能を持つ人間が優遇され、そうでない人間が不遇な生活を強いられるのは、当然のことだと言える。
④ 個々人が平等な自由を享受すべきだという理念は、条件付きで不平等を認めるという原理に常に先行する。
⑤ 政治的・経済的な不平等を解消するには、時には市民の自己肯定感や尊厳を代償とすることも必要である。

問5　この文章の構成と内容に関する説明として最も適当なものを、次の①～④のうちから一つ選べ。解答番号は **9** 。

① 2段落では、ロールズの第二次世界大戦での従軍経験について述べられているが、冒頭の「ちなみに」という言葉からもわかるように、その内容は3段落以降の論考にほとんど関係のない余談となっている。

② 5段落は、4段落に示されたロールズの考察について、それを具体的に説明するという役割を担っているが、ここに挙げられる概念は、6段落以降の論考における重要なキーワードとなっている。

③ 12段落は、冒頭の「しかし」からも判断できる通り、11段落に述べられた考え方とは正反対の主張を紹介しており、この構成によって、ロールズの思想に内在する論理的な矛盾が間接的に示されている。

④ 13段落では、「福祉国家」と「財産所有の民主主義」との対照性が強調されているが、逆に14段落では両者の共通性について指摘することで、そこから「富と資本の分散」という課題を導き出している。

問6 次に示すのは、この文章を読んだ後に、教師の指示を受けて六人の生徒が意見を発表している場面である。本文の趣旨に**合致しないもの**を、次の①～⑥のうちから**二つ**選べ。ただし、解答の順序は問わない。解答番号は 10 ・ 11 。

教師――この文章では「正義」や「民主主義」、あるいは「自由」や「平等」について論じていましたね。本文で述べられていたことを、皆さんの知っている具体的な例にあてはめて考えてみましょう。

① 生徒A――「無知のヴェール」という考え方に興味を持ちました。例えば私は、日本国籍を有し、中流階級の家庭に属する人間ですが、そういった属性を捨象したうえで、論理的な推論能力を駆使してこの社会のことについて考えてみるなら、ロールズの唱える「正義の二原理」という概念もより具体的にイメージできます。

② 生徒B――「正義」の「第二原理」についてですが、これは本当に大切なことだと思いました。日本国憲法には、「すべて国民は、健康で文化的な最低限度の生活を営む権利を有する」とありますが、こうした理念を実現するためには、不遇な人間の利益について考えることは不可欠であるはずですからね。

③ 生徒C――私は、ロールズの言う「正義感覚」という概念について、しっかりと考えていきたいと思いました。ネットやSNSの世界では利己的で排他的な言説をしばしば目にしますが、これは、私たち個々の市民がいまだ「正義感覚」を身につけているとは言い難いという現状を象徴するものではないでしょうか。

④ 生徒D――対立や分断を乗り越えるために必要なのは、「ともに一つの政治社会をつくっていくための公正な手続き」であるという指摘は、示唆に富みますね。これからの日本がますます国際化していくことを考えれば、政治信条であれ宗教であれ、この社会にはより様々な価値観が存在するようになるわけですから。

⑤ 生徒E――ロールズは福祉国家を批判する根拠として、「受動的な市民を生み出すばかり」という点を挙げましたが、これはまさにその通りだと思います。メディアでは社会保障制度の充実を訴える論調が目立ちますが、市民の主体性を喚

起するためには、自由競争の原理を徹底的に追求していく必要があると考えられます。

⑥　生徒F――「財産所有の民主主義」という考え方はおもしろいですね。私の父は三年前に腰を痛めて特注でコルセットを作ることになったのですが、医療保険のおかげで、実費よりもかなり安価に手に入れることができたと言っていました。まさに、「財産所有の民主主義」が唱える富の分散を象徴するような事例だと言えます。

第2問　次の文章は、川上未映子「きみには野心が足りない」『夏物語』の一節である。これを読んで、後の問い（問1〜6）に答えよ。なお、設問の都合で本文の上に行数を付してある。（配点　50点）

神保町(注1)の奥まったところにある喫茶店のドアをあけると、窓際の席に仙川涼子の後ろ姿がみえた。こちらに気がつくとふりかえって、小さく手をあげた。

「暑いですねえ」仙川さんは明るい声で言った。「今日はご自宅から？」

「ううん、今日は友だちの集まりがあって、渋谷でランチでした」わたしは奥の席に座り、ハンドタオルでこめかみと首筋を押さえて言った。

「夏子さんが友だちとって、珍しいような」仙川さんはちょっとからかうような口調で言うと、大きな歯をみせて笑った。「というか、久しぶりですよね。このあいだ会ったときはまだ、こんな暑くなかったですもんね」

仙川涼子は大手出版社の編集者で、初めて会ったのは今からちょうど二年まえだ。定期的に会っていて、いま進めている長編小説の(ア)進捗具合や内容についてのあれこれをやりとりしている。年齢はわたしより十くらい上の四十八歳。もともとは雑誌の部署にいて、そのあとは児童書をつくり、いまの書籍の部署に配属されて四年になる。現代作家のことをそんなに知らないわたしでも何冊かは読んだことのある作家を何人か担当していて、その作品のいくつかは大きな賞を獲ったらしい。耳のぜんぶがはっきりとみえる黒髪のショートカットで、笑うと顔じゅうあちこちに皺がよって、わたしはそれをみるのがなんとなく好きだった。結婚はしておらず、駒沢(注2)のマンションで一人暮らしをしている。

「や、書いても書いても終わりがようわからん感じで」

わたしは小説のことなんてまだ何も訊かれてもいないのに、なぜか自分から話題に出して、テーブルに置かれた水をごくごくと飲み干した。仙川さんは目だけで笑ってみせ、何にしますかとメニューを広げてこちらにむけた。わたしはアイスティーを、仙川さんもおなじものを注文した。

小説を書こうと決めて上京したのが二十歳の頃。それから十三年がたった三十三歳になる年、つまり今から五年まえに、わたしは小さな出版社が主催している小さな文学賞を受賞して、なんとか小説家としてデビューすることができた。けれど、作品が賞を獲っても刊行されるということもなく、当然のことながら話題になるなんてこともまったくなく、二年くらいのあいだは書いたものを担当の男性編集者に読んでもらい、ボツと書き直しをくりかえすだけの、わりとしんどい時間をすごすことになった。

小説はもちろん、ときどき舞いこんでくるタウン誌なんかのエッセイや、どんな細かな原稿であっても、いつも全力でそれなりの自信をもって取り組んでやってきたつもりだったけれど、その男性編集者はどうも肝心の根っこの部分でわたしの書くものに良い部分があるとは思えないみたいだった。

たとえば彼がよく言っていたのは、読者の顔が想像できていないとか、人間のことをわかっていないとか、まだ本当の意味で追いこまれたことがないとか、わたしたちの打ちあわせはいつもそういう感じだった。最初のうちは、編集者の言うことというのは正しく、また意味のあることだと思う気持ちがあったけれど、だんだん疑問に思うことが多くなり、なにより作品と関係ない話をえんえん聞かされることにぐったりしてしまった。わたしは作品を見せなくなり、メールの返信もしなくなり、しだいに距離ができていった。最後のやりとりは電話だった。とつぜん深夜にかかってきた電話のむこうで男性編集者はかなり酔っていたらしく、小説への思いを長々と口にしたあとでこう言った。

「この際だからはっきり言うけど、きみには作家として必要な、肝心な部分が欠落してるの。ないの。正しい野心というものが足りないの。きみに本物の小説なんか書けるわけないよ。ましてや本物の作家になんかぜったいになれない。ずっと思ってたんだけどね、でもはっきり言うわ。無理だから。無理です。っていうか、きみもう何歳よ。もちろん年は文学には関係ないよ？ないけどさあ、でもあるじゃないですか、やっぱり関係。三十五とか四十まえの感じで、じゃあこれからなんかこの人からすごいものが出てくるかっていったら、ないと思いますよ、あなたの場合。そういう感じですよ。そういうのはわかるんだよね。こっちはプロだから。これは予言だから」

その夜はうまく寝ることができず、それから一週間くらいは男性編集者の言葉と声が頭のなかで何度もくりかえされて、いろいろなことが手につかなかった。何年もたってやっと、やっと物を書くはじまりに立てたのに、これでぜんぶ終わってもうたんかもしれん――そんなことを思うと、気持ちは際限なく沈んでいった。

それから数ヶ月のあいだは苦しかった。とりとめのないくよくよとした日々を過ごして、Aバイトに行く以外は誰とも会わず、ほとんど家から出なかった。けれどある日、ふとした瞬間に――それは例によって男性編集者の最後の電話のことを(イ)反芻(はんすう)している最中だったのだけれど、とつぜん怒りのようなものがぐつぐつと音をたてて――本当に音をたてて、喉の奥のもっと下のほうから湧きあがってくるのをはっきりと感じたのだ。

あいつは、なんやねん。わたしはそう思った。ビーズクッションにうつぶせになっていたわたしは顔をあげて跳ね起きた。眼球にみるみる血液が集まって、そのまま飛びだしてどこかへ転がっていきそうなくらいに目をかっと見ひらき、あいつは、と今度は声にして言ってみた。なんやねんなあいつは――そう言うと、わたしはまたビーズクッションに顔を押しつけて、B今度は腹の底から大声を出した。声はクッションと顔のあいだで細かく震えながら吸いこまれていった。それを何度かくりかえすと、今度は全身から力がぬけて、わたしはうつぶせになったまま動けなくなった。

ずいぶん時間がたったあと、台所に行って冷たい麦茶をコップに注いで、それを一気に飲み干した。わたしは部屋に戻って本棚や机やクッションのひとつひとつを眺めながら、深呼吸をした。気のせいか、見えるものすべての明るさが増したような気がした。そういえばあの編集者は本物っていう言葉が好きでほんまによう使っていたなと思った。「わかりません」て言うたら、「じゃあ答えを教えてあげるとね」とか、本当に嬉々(きき)としていた――あほらし。やりとりが、あの時間が、なにもかもが、あほらしい。コップをちゃぶ台にこんと置いてその音が響いた瞬間、急激に、何もかもが心の底からどうでもいいことのようにはっきりと思えて、わたしはその男性編集者の存在を忘れることにした。

それから一年後。Cわたしはちょっとした転機に恵まれることになった。

はじめて刊行した短編集がテレビの情報番組で紹介され、有名なタレントたちがこぞって褒めるという事態になって、結果的にその本が六万部を超えるヒットになったのだ。

読書に(ウ)一家言あるとされる芸能人が興奮した様子で「これまでまったく想像もしなかった死後が描かれている」と感想を言い、「もういなくなった親しい人たちを思いだして、涙が止まらない」とアイドルの女の子がコメントをしながら目を潤ませる場面もあった。儚(はかな)いけれどたしかにそこには希望が描かれている、とため息まじりに話す人もいた。

それはデビュー作を含め、書きためていたものや書き下ろした短編に大きく加筆をして、連作にしたものだった。頼りないつてをたどってなんとか出せることになったその作品集は、何か引きになるようなコンセプトがあったわけでもないし、初版発行部数だって三千部足らずの――こう言ってはなんだけれど、その小さな出版社の誰にも期待されていない、浮かんだらつぎの瞬間には消えてなくなる泡のような一冊だったのだ。紹介された編集者とはたいしたやりとりもしなかったし、内容について話しあうなんてこともとくになかった。読んでもらって、じゃあこの月なら出せるので出しましょうか、という具合で、まるで何かの埋めあわせのように刊行された本だった。そんな作品が数万人に読まれることになるとは、ごく控えめにいってわたしを含め、誰一人予想していなかった。

結果的に本が売れたことはとてもうれしかったけれど、でも同時にどこか複雑な気持ちにもなった。つまり本が売れたのはそれはやっぱりテレビで芸能人が褒めたからなのであって、もし仮に、そんなものがあるのかないのかはわからないけれど――もし仮に本の「実力」というものが存在するとして、それと今回の結果とはやっぱり本質的なところでは関係がないことのように思えたからだ。

そしてその本が刊行されてすぐに連絡をくれたのが、仙川涼子だった。二年まえの、今日とおなじくらいに暑い八月のある日、家の近所の喫茶店までやってきた仙川涼子は、自己紹介をしてから一息つくと、小さな、でもよく通るしっかりとした声でわたしにむかって言った。

「すべての短編のすべての登場人物が死者で、べつの世界でその死者たちがずっと死につづけています。そこでは死というものがいわゆる終わりとして描かれるのではなく、しかし再会や再生を意味するものでもありません。いいアイデアだったと思います。震災以降、多くの読者がある種の癒やしとして受け止めて興奮したのも、この小説にとってはよいことだったと思います。

でも、ぜんぶ忘れてください」

そう言うと仙川さんはグラスの水をひとくち飲んだ。わたしはグラスに添えられた仙川さんの指先を見つめながら、話のつづきを待った。

「あの小説の何が素晴らしかったのか。どこにあなたの署名があったのか。それは設定とかテーマとかアイデアとか、死者とか震災以後とか以前とか、そういうものじゃないんです。それは、文章なんです。文章の良さ、リズム。それは強い個性だし、書きつづけるための何よりも大きなちからです。あなたの文章には、それがあると思う」

D<u>「文章」とわたしは言った。</u>

（注）1　神保町――地名。東京都の千代田区に位置する。

2　駒沢――地名。東京都の世田谷区に位置する。

問1　傍線部(ア)〜(ウ)の本文中における意味として最も適当なものを、次の各群の①〜⑤のうちから、それぞれ一つずつ選べ。解答番号は 12 〜 14 。

(ア) 進捗 12
① どのようなテーマを考えているか
② どういった展開になっているか
③ どのような点に悩んでいるか
④ どの程度はかどっているか
⑤ どういった工夫を考えているか

(イ) 反芻している 13
① 一所懸命、忘れようとしている
② 繰り返し、何度も考えている
③ 水に流して許そうとしている
④ 徹底的に、反論を試みている
⑤ いつまでも引きずっている

(ウ) 一家言ある 14
① 自分なりの主張を持っている
② 批判的な意見を持っている
③ それなりの定評がある
④ あまり興味のない
⑤ 長い間熱中してきた

問2 傍線部Ａ「バイトに行く以外は誰とも会わず、ほとんど家から出なかった」とあるが、それはどうしてか。その説明として最も適当なものを、次の①〜⑤のうちから一つ選べ。解答番号は 15 。

① 担当の男性編集者に、小説家としての才能やセンスをひどい言われようで否定されたことにより気落ちしてしまったとともに、激しい怒りの念にとらわれ、誰とも顔を合わせるのが嫌になってしまっていたから。

② 乱暴な口調で自身の小説家としての能力を否定されたことも悲しかったが、それ以上に、信頼していた男性編集者からそうした仕打ちを受けたことがショックで、なかなか立ち直ることができないでいたから。

③ 酔っていたとはいえ、男性編集者に冷静かつ論理的な言葉で自身の欠点を指摘されたことにより、小説家として生きていく自信をすっかり喪失してしまい、日々をくよくよと過ごしていたから。

④ 自身の才能のなさはずっと以前から気づいていたし、執筆という仕事に誇りも自信も持てたことはなかったが、いざそれをはっきり言われてしまうとさすがにつらく、なかなか精神的に回復できずにいたから。

⑤ 居丈高なところのある担当の男性編集者に小説家としての可能性を理不尽にも否定されたことで、自らの夢も絶たれたかもしれないと思ってしまい、憂鬱な気持ちに襲われ、長い間ふさぎ込んでしまっていたから。

問3　傍線部B「今度は腹の底から大声を出した」とあるが、ここから読み取れる「わたし」の心情について説明したものとして最も適当なものを、次の①～⑤のうちから一つ選べ。解答番号は 16 。

① 男性編集者の冷淡な物言いにずっと苦しめられてきたが、「あいつは、なんやねん」などとつぶやいたことでその思いから解き放たれ、喜びをかみしめている。

② 数ヶ月もの間、男性編集者の言葉にとらわれ、沈んだ気持ちのまま過ごしてきたが、突如として彼に対する激しい怒りを覚え、それを爆発させている。

③ 男性編集者が残していった言葉には長い間悩まされてきたが、ふと、それがどうでもよくなって、彼や彼の言葉のことはもう忘れようと踏ん切りをつけている。

④ 男性編集者のことはすっかり忘れていたのに、彼の酷い言葉を不意に思い出してしまい、心の底から湧き起こる憤りを押さえつけることができなくなっている。

⑤ 小説家として生きる夢を踏みにじる男性編集者の言葉に怒りを覚えつつ、こんなに苦しい思いをするならいっそそんな夢など諦めてしまおうと自分に言い聞かせている。

問4　傍線部C「わたしはちょっとした転機に恵まれることになった。」とあるが、この「転機」をめぐる「わたし」の心情について説明したものとして最も適当なものを、次の①～⑤のうちから一つ選べ。解答番号は 17 。

① たとえ偶然とはいえ自著が売れたことは紛れもない事実であり、かつて自分のことを散々に見下した男性編集者のことを思い出しながら、痛快な気分にひたっている。

② 自らの才能や将来について疑心暗鬼になってしまっていたが、起死回生をかけて出版した短編集がヒットしたことで、作家としての自信を取り戻すことができた。

③ 自著が売れたことは喜ばしくはあったが、掲載した作品の内容やアイデアは主に編集者から助言されたものであって完全に自らの作品と言えないため、複雑な気持ちにもなっている。

④ 確かに本は売れたが、それまでの作風とは異なる作品を収めたものであったため、胸に秘めた目標とすべき理想の作家像との食い違いに、どうしても葛藤を覚えざるを得ない。

⑤ ひょんなことから自著が大ヒットし、当然嬉しくはあったが、しかしながら本が売れたことは自身の力と根本的には関係のないことに思われ、素直に喜べない気持ちもあった。

問5 傍線部D「『文章』とわたしは言った。」とあるが、ここから読み取れる「わたし」の心情について説明したものとして最も適当なものを、次の①〜⑤のうちから一つ選べ。解答番号は **18** 。

① 自著がヒットしたすぐ後に連絡をとってきた大手出版社の編集者仙川涼子は、好感の持てる雰囲気の女性ではあったが、どこか油断のならぬ気配もたたえており、案の定、自著について批判ともとれる言葉を口にし始めたので、警戒の念を強めている。

② 呼び出されるままに喫茶店までやってきたものの、「文章の良さ」だの「リズム」だの、かつての男性編集者と同じように、やはり抽象的に過ぎるよくわからない言葉で自分の作品を批評する仙川涼子に対して、辟易する思いを禁じ得ないでいる。

③ 大手出版社に勤め、経験豊かな編集者である仙川涼子に、自分でも思いもよらなかった自身の作品の長所を教えてもらったが、そのことに驚くと同時に、まだうまく仙川の真意を飲み込めないところもあり、早く次の言葉を聞きたいと思っている。

④ ベテラン編集者の仙川涼子はヒットした短編集のアイデアについてそれを忘れるように助言してきたが、そのアドバイスの重要性は理解しつつも、それはやはり忘れようにも忘れられないものなのであり、いったいどうすればよいのかと思い悩んでいる。

⑤ 有名な作家を何人も担当したことのある敏腕の編集者仙川涼子が文章に力があると褒めてくれたが、以前からひそかに自分でもそう思っていたことを初めて言葉にしてもらえたことが心の底から嬉しく、次回作へ向け、やる気にみなぎっている。

問6　Aさんのクラスでは国語の授業で本文（「きみには野心が足りない」）の表現や展開の工夫について話し合うことになった。次はAさんのグループの話し合いの様子である。本文の内容を踏まえて、空欄 Ⅰ ・ Ⅱ に入る最も適当なものを、次の①～⑤のうちから、それぞれ一つずつ選べ。解答番号は 19 ・ 20 。

Aさん――まずは表現に注目してみよう。本文の3行目に、「仙川さんは明るい声で言った」とある。この「明るい」という表現がすでに、「仙川さん」のキャラクターを表しているとも言える。

Bさん――あなたの言う「『仙川さん』のキャラクター」とは?

Aさん――作中の「わたし」にとって、とても好ましい人物であった、ということだね。

Bさん――なるほど。

Cさん――それを言うなら、例えば11行目からの「耳のぜんぶが」から始まる一文だって、「わたし」が「仙川さん」に寄せる好意を表していると言える。

Bさん――そう考えると、注意深く読まないとうっかり読み飛ばしてしまうような箇所にも、物語世界を記述するうえで重要な役割を担う表現というものがあるとわかるね。例えば、 Ⅰ などという点も、とても興味深い。

Dさん――興味深いといえば、物語の展開についても、いろいろとおもしろいことが言えそうだね。

Cさん――それは、たとえば?

Dさん――うん。私が注目したのは、 Ⅱ という点だ。

Aさん――くわしく。

Bさん――私も聞きたいな。

Dさん――この物語は、「わたし」の作家としての挫折、そしてそこからの立ち直りを主題としているわけだよね。そうした展開で鍵となるのが……

Aさん――「わたし」以外の二人の登場人物。
Cさん――なるほど、そしてその描き方に鑑みるなら、たしかにDさんのような解釈は成立するのかもしれない。

Ⅰ　19

① 「わたし」のせりふにところどころ用いられる方言が、物語にリアリティをもたらす一助となっている
② せりふはすべてカギ括弧で示されており、地の文との書き分けが明確なため読者も読みやすい
③ 42行目「ぐつぐつと音をたてて」という表現からは、自己を冷静に捉える「わたし」の態度が読み取れる
④ 44〜45行目「眼球にみるみる血液が集まって」などは、科学的な知見に基づく表現であり、説得力に富む
⑤ 59行目「目を潤ませる」という表現が、世間の風潮におもねる芸能人のしたたかさを示唆している

Ⅱ　20

① 男性編集者と仙川涼子との人間性を対照的に描くことが、物語の展開においても重要な役割を担っている
② 時系列によりそった記述で展開され、そのために読み手も物語の世界に入っていきやすくなっている
③ 登場する複数の人物の内面を詳細に描き分けることで、多声的な物語世界を構築することに成功している
④ 起きた出来事をひたすら客観的に描く筆致により、逆説的に、「わたし」の内面が照射されている
⑤ 回想シーンのみで構成される物語であり、そのことによって、物語世界に深い奥行きが生じている

予想問題・第3回

100点／40分

第1問　次の文章と図は、高橋英光（たかはしひでみつ）『言葉のしくみ――認知言語学のはなし』の一部である。これを読んで、後の問い（問1〜6）に答えよ。（配点　50）

伝統的言語学の意味論は論理学に大きく依存しているのがわかった。もちろん論理学を使う意味論には一定の有効性があることは確かだが、認知言語学は論理学を使う意味論には限界があると考える。論理学は言語の意味を扱う有効な手段ではないと考える。では、意味とは何かを認知言語学が完全に説明したかというとそれにはほど遠い。現状では、認知言語学は意味をどのようにとらえようとしているのか、ここまでどのような分析をしてきたのかを述べることができるだけである。

つぎのような英語の冗談話がある。ある酒場の前での2人の男のやりとりである。

ボブは友人のサムと酒場で飲んだ後、帰ろうとして酒場を出た。彼は車に乗ろうとして鍵をポケットから出そうとした。ところが鍵がなかった。どうも駐車した時に鍵を落としたらしい。彼は外灯の下を一生懸命探した。するとサムが外に出てきて「おい、ボブ、何してるんだ?」と尋ねる。「鍵だよ。鍵を落としたんだ」とボブは答える。サムは言う。「鍵はそこじゃないだろう。こっちだよ。車の方だぜ。どうして外灯の下ばかり探しているんだ?」ボブは答えた。「A だって、こっちの方が明るいだろ」

認知言語学は、ボブの態度が従来の言語学とよく似ていると考える。探しているもの（答え）がないのに探しやすいという理由で探す場所を選ぶ態度である。

日常的な言葉には古典的な意味論では扱えない例外が少なくない。言葉はあまり「論理的」ではない。一例を挙げよう。論理の世界では「XがYの左にある」が真実なら「YはXの右にある」は必ず真実である。もし言語が論理意味論的にできていたら両者は同じ意味なので必ずパラフレーズできるはずである。しかし、つぎの絵が表す状況を考えよう。

図1を「タバコがイスの右にある」と表現するのは自然だが「イスがタバコの左にある」と表現するのは奇妙である。図1を100人以上の大学1年生のクラスで見せて確かめたことがある。すべての学生が「タバコがイスの右にある」は自然だが「イスがタバコの左にある」は奇妙だという意見であった。

図1　イスとタバコの絵

英語でもまったく同様である。(a)のように the cigarette が主語の文は自然だが、(b)のように the armchair（肘掛けイス）を主語にした文は奇妙である。

(a)　The cigarette is to the right of the armchair.

(b)　The armchair is to the left of the cigarette.

日本語と英語だけではない。「タバコ」と「イス」のどちらでも自由に主語にできる言語はひとつも見つかっていない。いかなる言語の話者も図1を「イスがタバコの左にある」と表現するのは不自然と判断する。

ある学生が次のような意見を言った。もしイスの底に車輪があり部屋から部屋へと移動している状況なら"The armchair is to the left of the cigarette."（イスがタバコの左にある）は完全に自然な文になると。たしかにその通りである。

「タバコがイスの右にある」と「イスがタバコの左にある」は論理的に等しいのになぜパラフレーズできないのか？　また、イスが動きやすいと考えるとなぜ奇妙でなくなるのか？　それはわたしたちが単純な空間論理のみで言葉を使っているわけではないからである。多様な人間的ものの見方が関与しているためである。人間的ものの見方とは、前景と背景に二分する性向、XとYの相対的大きさと形、ヒトにとっての機能と用途などである。

客観世界ではタバコとイスは平等である。しかしヒトの認知は平等でない。ヒトの認知は差別的である。タバコを前景化しイスを後景化したがる。このためタバコが主語に選ばれる。わたしたちの言葉は無意識のうちにヒトの認知的原理に支配されている。

意味には単純な論理だけでなく、人間的なものの見方が関与することを見た。認知言語学は言葉とヒトの身体・社会経験の関係を非常に重視する。この立場を称して経験基盤的意味論（experientialist semantics）などと自称する。従来の言語学にも人間的なものの見方を重視した研究はあったが断片的なものにとどまっていた。まとまりのある説明的理論ではなかった。

伝統的言語学の意味論は論理学に依存し意味を現実世界に求めるのに対して、認知言語学では意味を人間のとらえ方、つまり概念化に求める。前者は意味を真偽条件ととらえるのに対して、後者は意味を心理現象と考える。前者が人間不在の意味論であるのに対して、後者は人間を中心に置く意味論と言える。伝統的な言語学はヒトの身体構造や身体経験と言語の関係をほとんど考慮しなかった。逆に認知言語学はヒトの身体構造や身体経験と言語の関係を重視する。これらに言及せずに言語を解明できないと考える。理由は、意味は心理現象であり、心理現象は脳の働きであり、脳は身体を支配するが同時に身体によって支配されていることを近年の脳科学が明らかにしているからである。

以上の立場の違いを表すと**図2**のようになる。

古典的意味論と認知言語学の意味論の顕著な違いは意味の所在にある。古典的意味論では意味は客観世界にあると考える。認知言語学では意味は概念化にあると考える。わたしたちは言葉を通して様々な事実を知るから、言葉は真実を伝えると思われがちである。しかし言葉は真実をそのまま伝えない。言葉は話者・書き手のとらえ方の表現に過ぎない。ヒトのとらえ方というフィルターを通さないと真実に近づけない。

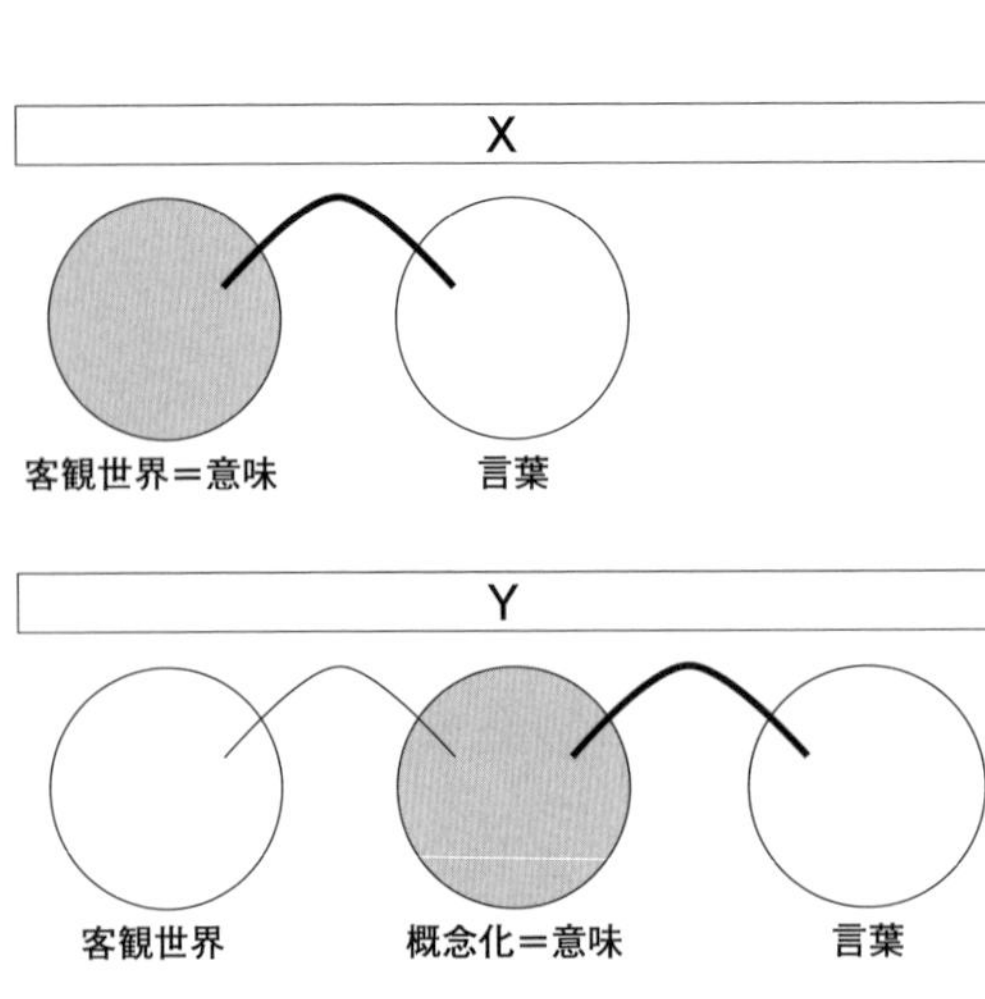

図2　古典的意味論と認知言語学の意味論

ジャーナリズムの世界では100パーセント客観的な報道はないと言われる。歴史はすべて解釈であると、英国の歴史家E・H・カー（E.H.Carr）も述べている。ジャーナリズムも歴史も言語というフィルターを通して語られる。そこにジャーナリストや歴史家（これを認知言語学では概念主体（conceptualizer）と呼ぶ）のとらえ方が反映されるのは当然である。

つぎの絵（**図3**）を見よう。

図3　女性と犬の絵

ひとつの事態を解釈する方法は無限にある。「獣医がうちの犬を診察している」とも言える一方で「うちの犬が獣医の診察を受けている」とも言える。これら2つの表現が表す「事実」は同じだが話者の解釈に違いがある。解釈を通さずに事実には近づけない。認知言語学では「真」か「偽」は意味と直接の関係がないと考える。

さきほど、woman には［－male］（非男性）という意味成分があるという古典的言語学の説明を紹介した。つぎの英文を見よう。

これは異常な文である。woman は［－MALE］（＝非男性）であり boyfriend は［＋MALE］（＝男性）だから、厳密な論理に従うならこのような文はありえない。しかしこれは実例である。1995年3月22日のアメリカの新聞に掲載された人生相談欄の手紙のなかでアメリカ人女性が使っている。

B <u>This beautiful woman was my boyfriend.</u>
（この美しい女性はわたしのボーイフレンドだった。）

問題編
共通テスト・第1日程
予想問題・第1回
予想問題・第2回
予想問題・第3回
予想問題・第4回

〈At a loss over cross-dressing boyfriend〉

Dear Ann Landers: I am a 38-year-old woman who has been going with "Jack" (age 43) for about a year. Ours is a loving and intimate relationship, and we have discussed marriage.

Several days ago, while lunching with a friend, I happened to notice a very attractive woman walk in. She seated herself at the bar next to another woman, and soon, they were having a spirited conversation. I couldn't take my eyes off this woman because I had the feeling I knew her from somewhere.

I suddenly realized that this beautiful woman, expensively dressed, well-coifed, with perfect makeup, was my boyfriend Jack…

(Ann Landers, *Asahi Evening News*, March 22, 1995)

(〈女装の趣味のボーイフレンドに当惑〉

アン・ランダーズ様：わたしは38歳の女性で「ジャック」(43歳) とつき合いはじめてほぼ1年になります。わたしたちは親密な関係にあり結婚を話し合っています。

数日前、友だちとお昼の食事をしていると、とても魅力的な女性が店に入ってくるのに気づきました。その女性はカウンターで別の女性の隣に座り、すぐに二人は賑やかにお喋りを始めました。わたしはこの女性からなぜか目をそらすことができませんでした。どこかでこの人を知っている気がしたからです。

やがて、高価な服を着て髪をきちんとセットし完璧なメイクをしたこの美しい女性は、わたしのボーイフレンドのジャックだと気づきました。……」)

現実には男性である彼を「女性」と思い込んだ手紙の主は'a very attractive woman'（とても魅力的な女性）、'she'（彼女）、'this woman'（この女性）、'her'（彼女）と表現している。そして最後に問題の文「この美しい女性はわたしのボーイフレンドだった」が出てくる。論理的に矛盾する文がこの文脈ではまったく自然である。つまりwomanの指示対象が現実世界で［−male］（非男性）という素性をもつ必要はなく、話者・書き手がその対象を女性としてのイメージでとらえたかどうかが問題である。もちろん現実にはwomanという言葉は現実の女性を指すのがふつうである。それは女性らしく見える人は実際に女性であることが多いからである。

問1　傍線部A「だって、こっちの方が明るいだろ」とあるが、この発言の紹介を通じて筆者が伝えようとしているのはどのようなことか。最も適当なものを、次の①〜⑤のうちから一つ選べ。解答番号は［1］。

①　意味とは何かということについて、認知言語学がそれを完全に説明したかというと、現状においては「否」というしかないということ。

②　伝統的言語学の意味論は、そこに意味などないのに、ただ扱いやすいという理由だけで論理を考察の対象としてきたということ。

③　伝統的言語学の意味論と認知言語学とのあいだには、対照性とともに、根本的なところでの共通点もあるということ。

④　論理学を使う意味論はすでに過去の遺物であり、言語の意味を考察していくうえで、いっさいの有効性をもたないということ。

⑤　伝統的言語学は、他者との対話のなかに論理の所在を想定し、そこにこそ言語の意味が現象すると考えていたということ。

問2　図1についての説明として**誤りを含むもの**を、次の①～⑤のうちから一つ選べ。解答番号は 2 。

① 日常的な言語使用においては、古典的な言語学が依拠する論理の枠内ではとらえきれない事例が多々ある。
② 論理の世界では、「XがYの左にある」と「YはXの右にある」は完全に置換可能であるとされる。
③ 論理的に等価であるはずの二つの文が言語的に換言不可能である事例は、あらゆる言語に認められる。
④ 人間の認知は空間論理のみにしたがっているわけではなく、そこには人間的なものの見方が関わってくる。
⑤ 人間的なものの見方は「差別的」であるという難点を持つため、それを対象化する視点の獲得が大切である。

問3　図2の**空欄X、Y**に当てはまる内容の組み合わせとして最も適当なものを、次の①～⑤のうちから一つ選べ。解答番号は 3 。

① X　古典言語学の考え方＝意味は外界にある　Y　認知言語学の考え方＝意味は概念化にある
② X　認知言語学の考え方＝意味は外界にある　Y　古典言語学の考え方＝意味は概念化にある
③ X　認知言語学の考え方＝意味は概念化にある　Y　古典言語学の考え方＝意味は外界にある
④ X　古典言語学の考え方＝意味は心理的現象である　Y　認知言語学の考え方＝意味は概念化にある
⑤ X　古典言語学の考え方＝意味は身体に依存する　Y　認知言語学の考え方＝意味は客観世界の産物である

問4　**図3**について説明する本文内容の具体例として**誤りを含むもの**を、次の①～⑤のうちから一つ選べ。解答番号は **4** 。

① 雨が降って体育が中止になり、運動が嫌いな太郎くんは雨を「天の恵み」と思ったが、運動が好きな花子さんは「神様の罰」と思った。

② 同じ花を目にしていても、紫外線の見えるチョウと紫外線を見ることができない人間とでは、違った像をとらえていることになる。

③ 窓外に舞うひとひらの落ち葉を、「秋の到来」と解釈する人もいれば、「単なる物理現象」と解釈する人もいる。

④ ある学者はマルクスの思想を近代哲学の到達点と考え、また別の学者は、それを現代思想的な考え方の始まりと考えている。

⑤ 両国間に生じた戦争の終結は、敗戦したA国にとっては悲劇を意味し、勝利したB国にとっては輝かしい栄光を意味した。

問5　傍線部**B**「This beautiful woman was my boyfriend.」とあるが、この文についての説明として最も適当なものを、次の①～⑤のうちから一つ選べ。解答番号は **5** 。

① 論理的には成り立つ仮説が、現実世界においては通用しないことを表す一文である。

② 現実世界においては、若干の違和感を残しながらも一応は成立する文であるとみなされる。

③ 女性らしく見える人は実際に女性であるわけだから、これは考慮に値しない特殊な事例である。

④ 論理的にはありえない文だが、発話者の主観によっては自然な文にもなり得る。

⑤ 英語では「異常」な文と認識されるが、日本語訳すると自然な文として受け入れられる。

問6　諸子百家の思想家である荘子は、〈善悪や美醜等の観念はあくまで人間的な価値づけに過ぎず、それを相対化し、あるがままの世界を受け入れることが大切だ〉という考え方を唱えた。認知言語学はこのような荘子の考え方に対しどのように応答すると推論されるか。その内容として最も適当なものを、次の①～⑤のうちから一つ選べ。解答番号は 6 。

① 人間が常に言葉を用いて世界を意味づける存在である以上、荘子の考え方は、その立論の基盤からして間違っていると言える。

② きわめて理知的な思想家であった荘子の言葉である以上、論理的な整合性を見出すことはできるが、現実世界に応用できるものとは言えない。

③ 人間による概念化のプロセスを見事に言い表した考え方であり、これからの言語学も、その理念を徹底的に追求していくべきだと言える。

④ 荘子の考え方は、前提となる仮説とそこから導き出される帰結とのあいだに言語学的な矛盾が認められるため、有意味な考え方とは言えない。

⑤ 意味は概念主体の持つフィルターを通して生み出されるものである以上、荘子の考え方に関しては、少なくともその前提は正しいと言える。

第2問 次の【警句】A〜Cと【エッセイ】「ある〈共生〉の経験から」を読んで（ともに作者は石原吉郎（いしはらよしろう））、後の問い（問1〜6）に答えよ。なお、設問の都合で【エッセイ】の本文の段落に1〜11の番号を付している。（配点 50）

【警句】

A 人間は孤独である時、最も他人を意識する。

（石原吉郎「一九五九年から一九六二年までのノートから」『石原吉郎詩文集』による。）

B ちからづよい孤独の意識。世界が荒廃した直後に、しっかりと一人で立てる思想。私が求めるものはまさにそれだ。

C 理解しあい、手をにぎりあうことだけが連帯なのではない。にくみあい、ころしあうこともまた連帯である。X決定的なかかわりあいであることにおいて、私はそのあいだに、どのような相異も見いだすことはできない。

（石原吉郎「一九六三年以後のノートから」『石原吉郎詩文集』による。）

【エッセイ】

1 〈共生〉という営みが、広く自然界で行なわれていることはよく知られている。たとえば、ある種のイソギンチャクはかならず一定のヤドカリの殻（から）の上にその根をおろす。一般に共生とは二つの生物がたがいに密着して生活し、その結果として相互のあいだで利害を共にしている場合を称しており、多くのばあい、それがなければ生活に困難をきたし、はなはだしいときは生存が不可能になる。私が関心をもつのは、たとえばある種の共生が、一体どういうかたちで発生したのかということである。たぶんそれは偶然な、(ア)便宜的なかたちではじまったのではなく、そうしなければ生きて行けない瀬戸ぎわに追いつめられて、せっぱつまったかたちではじまったのだろう。しかし、いったんはじまってしまえば、それは、それ以上考えようのないほど強固なかたちで持続するほかに、仕方のないものになる。これはもう生活の智恵（ちえ）というようなものではない。

連帯のなかの孤独についての、すさまじい比喩である。

2 私がこう思うのは、私自身に奇妙な〈共生〉の経験があるからである。

3 私は、昭和二十年敗戦の冬、北満(注1)でソ連軍に抑留され、翌二十一年初めソ連領中央アジヤの一収容所へ送られた。この昭和二十一年から二十二年へかけての一年は、ソ連の強制収容所というものをまったく知らない私たちにとっては、(イ)未曾有(みぞう)の経験であった。入所一年目に私たちが経験しなければならなかったかずかずの苦痛のうち最大のものは徹底した飢えと、しばしば夜間におよぶ苛酷な労働である。当時ウクライナ方面で起った飢饉(ききん)のため、全般的に食糧事情が悪化しており、まして私たちは一般捕虜とちがい、大部分が反ソ行為の容疑者から成る民間抑留者の集団であったため、食糧にたいする顧慮が十分行なわれなかったとしても不思議ではない。加えて、どこの収容所にも見られる食糧の横流しが、ここでは収容所長の手で組織的に行なわれ、これが給養水準の低下に拍車をかけた。

4 このため入所後半年ほどで、私たちのあいだには、はやくも栄養失調の徴候があらわれはじめた。

5 こういった事情のもとで、おそらくはこの収容所に独特の、一種の〈共生〉ともいうべき慣習がうまれ、またたくまに収容所全体に普及した。〈共生〉が余儀なくされた動機には、収容所自体の管理態勢の不備のほかに、一人ではとても生きて行けないという抑留者自身の自覚があったと考えてよい。まず、この収容所は民間抑留者が主体であって、大部分が食器を携行して入ソした一般捕虜の収容所にくらべて、極端に食器がすくない。したがって食事は、いくつかの作業班をひとまとめにして、順ぐりに行なわれることになるが、そのさい食器（旧日本軍の飯盒(はんごう)）を最大限に活用するために、二人分を一つの食器に入れて渡す。これを受けとるために、抑留者は止むをえず、二人ずつ組むことになったが、私たちはこれを〈食罐組(しょっかんぐみ)(注2)〉と呼んだ。これがいわば、この収容所における、〈共生〉のはじまりであるが、爾後(じご)(注3)この共生は収容所生活のあらゆる面に随伴することになった。

6 食罐組をつくるばあい、多少とも親しい者と組むのが人情であるが、結局、親しい者と組んでも嫌いなものと組んでも、おなじことだということが、やがてわかった。というのは、食糧の絶対的な不足のもとでは、食罐組の存在は、おそかれはやかれ相互間の不信を拡大させる結果にしかならなかったからである。

7 一つの食器を二人でつつきあうのは、はたから見ればなんでもない風景だが、当時の私たちの這いまわるような飢えが想像できるなら、この食罐組がどんなにはげしい神経の消耗であるかが理解できるだろう。私たちはほとんど奪いあわんばかりのいきおいで、飯盒の三分の一にも満たぬ粟粥を、あっというまに食い終ってしまうのである。結局、こういう状態がながく続けば、腕ずくの争いにまで到りかねないことを予感した私たちは、できるだけ公平な食事がとれるような方法を考えるようになった。まず、両方が厳密に同じ寸法の匙を入れ、交互にひと匙ずつ食べる。しかしこの方法も、おなじ大きさの匙を二本手に入れることがほとんど不可能であり、相手の匙のすくい加減を監視するわずらわしさもあって、あまり長つづきしなかった。つぎに考えられたのは、飯盒の中央へ板または金属の〈仕切り〉を立てて、内容を折半する方法である。しかしこの方法も、飯盒の内容が均質の粥類のときはいいが、豆類などのスープの時は、底に沈んだ豆を公平に両分できず、仕切りのすきまから水分が相手の方へ逃げるおそれもあって、間もなくすたった。さいごに考えついたのは、罐詰の空罐を二つ用意して、飯盒からべつべつに盛り分ける方法である。さいわいなことに、ソ連の罐詰の規格は二、三種類しかないので、寸法のそろった空罐を作業現場などからいくらでも拾ってくることができる。分配は食罐組の一人が、多くのばあい一日交代で行なったが、相手に対する警戒心が強い組では、ほとんど一回ごとに交代した。この食事の分配というのが大へんな仕事で、やわらかい粥のばあいはそのまま両方の空罐に流しこんで、その水準を平均すればいいが、粥が固めのばあいは、押しこみ方によって粥の密度にいくらでも差が出来る。したがって、分配のあいだじゅう、相手はまたたきもせずに、一方の手許を凝視していなければならない。さらに、豆類のスープなどの分配に到っては、それこそ大騒動で、まず水分だけを両方に分けて平均したのち、ひと匙ずつ豆をすくっては交互に空罐に入れなければならない。分配が行なわれているあいだ、相手は一言も発せず分配者の手許をにらみつけているので、はた目には、この二人が互いに憎みあっているとしか思えないほどである。こうして長い時間をかけて分配を終ると、つぎにどっちの罐を取るかという問題がのこる。これにもいろいろな方法があるが、もっとも広く行なわれたやり方では、まず分配者が相手にうしろを向かせる。そして、一方の罐に匙を入れておいて、匙のはいった方は誰が取るかとたずねる。相手はこれにたいして「おれ」とか「あんた」とか答えて、罐の所属がきまるのである。このばあい、相手は答えたらすぐうしろをふり向かなくてはならない。でないと、分配者が相手の答に応じて、すばやく匙を置きかえるかも知れないからである。

8 食事の分配が終ったあとの大きな安堵(あんど)感は、Y実際に経験したものでなければわからない。この瞬間に、私たちのあいだの敵意や警戒心は、まるで嘘(うそ)のように消え去り、ほとんど無我に近い恍惚(こうこつ)状態がやってくる。もはやそこにあるものは、相手にたいする完全な無関心であり、世界のもっともよろこばしい中心に自分がいるような錯覚である。私たちは完全に相手を黙殺したまま、「一人だけの」食事を終るのである。このようなすさまじい食事が日に三度、かならず一定の時刻に行なわれるのだ。

9 共生の目的は他にもある。たとえば作業のときである。私たちの労働は土工が主体であったが、土工にあっては工具(スコップ、つるはし)の良否が徹底してものをいう。それは一日の体力の消耗に、直接結びつくからである。毎朝作業現場に到着するやいなや、私たちは争って工具倉庫へとびこむのだが、いちはやく目をつけた工具を完全に確保するためには、最小限二人の人間の結束が必要である。食事のときあれほど警戒しあった二人が、ここでは無言のまま結束する。

10 こうして私たちは、ただ自分ひとりの生命を維持するために、しばしば争い、結局それを維持するためには、相対するもう一つの生命の存在に、「耐え」なければならないという認識に徐々に到達する。これが私たちの〈話合い〉であり、民主主義であり、一旦成立すれば、これを守りとおすためには一歩も後退できない約束に変るのである。これは、いわば一種の掟(おきて)であるが、立法者のいない掟がこれほど強固なものだとは、予想もしないことであった。(ウ)せんじつめれば、立法者が必要なときには、もはや掟は弱体なのである。

11 私たちの間の共生は、こうしてさまざまな混乱や困惑をくり返しながら、徐々に制度化されて行った。それは、人間を憎みながら、なおこれと強引にかかわって行こうとする意志の定着化の過程である。(このような共生はほぼ三年にわたって継続した。三年後に、私は裁判を受けて、さらに悪い環境へ移された。)これらの過程を通じて、私たちは、もっとも近い者に最初の敵を発見するという発想を身につけた。たとえば、例の食事の分配を通じて、私たちをさいごまで支配したのは、人間に対する（自分自身を含めて）つよい不信感であって、ここでは、人間はすべて自分の生命に対する直接の脅威として立ちあらわれる。しかもこの不信感こそが、人間を共存させる強い紐帯（ちゅうたい）であることを、私たちはじつに長い期間を経てまなびとったのである。

（石原吉郎「ある〈共生〉の経験から」『石原吉郎詩文集』による。）

（注）
1　北満——北満州。
2　食罐——食缶。給食などで大人数分の料理を入れる容器。
3　爾後——それ以来。

問1　傍線部(ア)〜(ウ)の本文中における意味として最も適当なものを、次の各群の①〜⑤のうちから、それぞれ一つずつ選べ。解答番号は **7** 〜 **9** 。

(ア)「便宜的な」 **7**

① 理にかなった
② 間に合わせの
③ 意味のない
④ のんびりとした
⑤ 切迫した

(イ)「未曾有の」 **8**

① すでに慣れ切った
② 身の毛もよだつ
③ 最低最悪の
④ 今までに一度もない
⑤ 想像の範疇（はんちゅう）を超えた

(ウ)「せんじつめれば」 9

① ざっと俯瞰(ふかん)するなら
② 大げさに言ってしまうと
③ たとえるとすると
④ 悲観的に言うなら
⑤ とことんまで考えるなら

問2 波線部X「決定的なかかわりあい」とあるが、「食罐組」をめぐるエピソードを例にとるなら、それはどのようなものとして説明されるか。最も適当なものを、次の①～⑤のうちから一つ選べ。解答番号は 10 。

① 人間は一人で生きていくことはできないという真理を悟り、他者と分かり合う道を模索すること。
② 食事を共有する組のパートナーは、嫌いな人間であるほうがかえって都合がいいと気づくこと。
③ 食料の絶対的な不足のもとで、食事を共有する人間同士が、敵意や警戒心を戦わせ合うこと。
④ 食事の分配の最中に相手を警戒するような日々にうんざりし、無我の境地を目指そうと思うこと。
⑤ パートナー同士が互いの信頼を損ねないようにするために、食事の均等な分配に専心すること。

問3 波線部Y「ほとんど無我に近い恍惚状態」とあるが、どういうことか。最も適当なものを、次の①～⑤のうちから一つ選べ。解答番号は 11 。

① 自他の境界線が崩れ、二者が最終的に合一した状態。
② 宗教的な真理を悟り、陶酔感にひたっている状態。

③ 他者を黙殺することで絶対的な自己を確立した状態。
④ 自分だけの世界に没頭し、夢中になっている状態。
⑤ 人間にとっての真の幸福をかみしめている状態。

問4 **【警句】** Aを **【エッセイ】** 全体の内容を踏まえて言い換えた内容として最も適当なものを、次の①～⑤のうちから一つ選べ。
解答番号は **12** 。

① 人は、自分が孤独であることに気づいたその時、その苦しみから逃れようとして他者とのつながりを求め、その結果としてそこに、「共生」の場が生まれることになる。
② 人は、ただ自分一人の生命を維持しようとする際、もっとも近くにいる他者を自らの生命に対する脅威として認識するが、そこから生じる不信感が、逆説的に他者との「共生」を生み出すことになる。
③ 他者が自己を脅威として認識する時、人は自らもまた他者への敵意をむき出しにするが、そのような攻撃的な関係性にとどまっているかぎり、そこに「共生」への道は開けない。
④ 孤独にうちひしがれつつも、自己の内面と徹底的に向き合うことができれば、人は自己と他者との相対的な関係性に気づけ、新たなアイデンティティを構築する可能性を見出すことができる。
⑤ 自己の孤独を熟知した人間は、自らを取り巻く他者たちもまた自分と同じように孤独であることを理解することができ、そこに他者へとつながる経路が感得されることになる。

問5 【**エッセイ**】と【**警句**】Bを比較して読む際、【**警句**】Bに込められた筆者の思いはどのように解釈されるか。その説明として最も適当なものを、次の①～⑤のうちから一つ選べ。解答番号は 13 。

① かつて自らを押しつぶそうとした非人間的な経験を、肯定的な哲学へと止揚しようとしている。
② 抑留経験で手にした感覚を否定し、まったく別個の思想を打ち立てようと決意している。
③ 極限的な抑留経験を経て刻み付けられたトラウマによって、破滅衝動へと駆り立てられている。
④ 荒廃の先にこそ真の創造は成り立つという信念のもと、今ある世界の解体をもくろんでいる。
⑤ 人間性が否定される環境の中でこそ真の哲学は生み出されると確信し、辛苦の大切さを訴えている。

問6 【**エッセイ**】「ある〈共生〉の経験から」の表現に関する説明として**誤りを含むもの**を、次の①～⑤のうちから一つ選べ。解答番号は 14 。

① 1段落は、本文全体の主題の核となる話題を具体例もまじえつつ提示しており、その後に展開される内容を統括している。
② 7段落における食罐組の食事の分配をめぐる詳細かつ克明な描写は、文章に緊張感とリアリティをもたらしている。
③ 8段落中の「一人だけの」に付された「 」は、この表現が辞書的な意味では用いられていないことを示している。
④ 本文全体を通して、非常に抑制の効いた文体で、実際に出来事を体験した当事者の視点から悲惨な事実が語られていく。
⑤ 本文全体を通して、極限的な生の姿が客観的に描写されているが、それが逆に迫真性を強調する効果を生んでいる。

予想問題・第4回

100点／40分

第1問　次の**【資料Ⅰ】**は「日本国憲法前文」の一部である。**【資料Ⅱ】**は総務省による「情報通信メディアの利用時間と情報行動に関する調査」から引用したものであり、**【文章】**は三谷太一郎（みたにたいちろう）『日本の近代とは何であったか――問題史的考察』（二〇一七）の一部である。これらを読んで、後の問い（**問1〜5**）に答えよ。なお、設問の都合で**【文章】**の本文の段落に1〜11の番号を付している。（配点　50）

【資料Ⅰ】

日本国民は、正当に選挙された国会における代表者を通じて行動し、われらとわれらの子孫のために、諸国民との協和による成果と、わが国全土にわたつて自由のもたらす恵沢を確保し、政府の行為によつて再び戦争の惨禍が起ることのないやうにすることを決意し、ここに主権が国民に存することを宣言し、この憲法を確定する。そもそも国政は、国民の厳粛な信託によるものであつて、その権威は国民に由来し、その権力は国民の代表者がこれを行使し、その福利は国民がこれを享受する。これは人類普遍の原理であり、この憲法は、かかる原理に基くものである。われらは、これに反する一切の憲法、法令及び詔勅を排除する。

（日本国憲法前文より一部抜粋）

【資料Ⅱ】

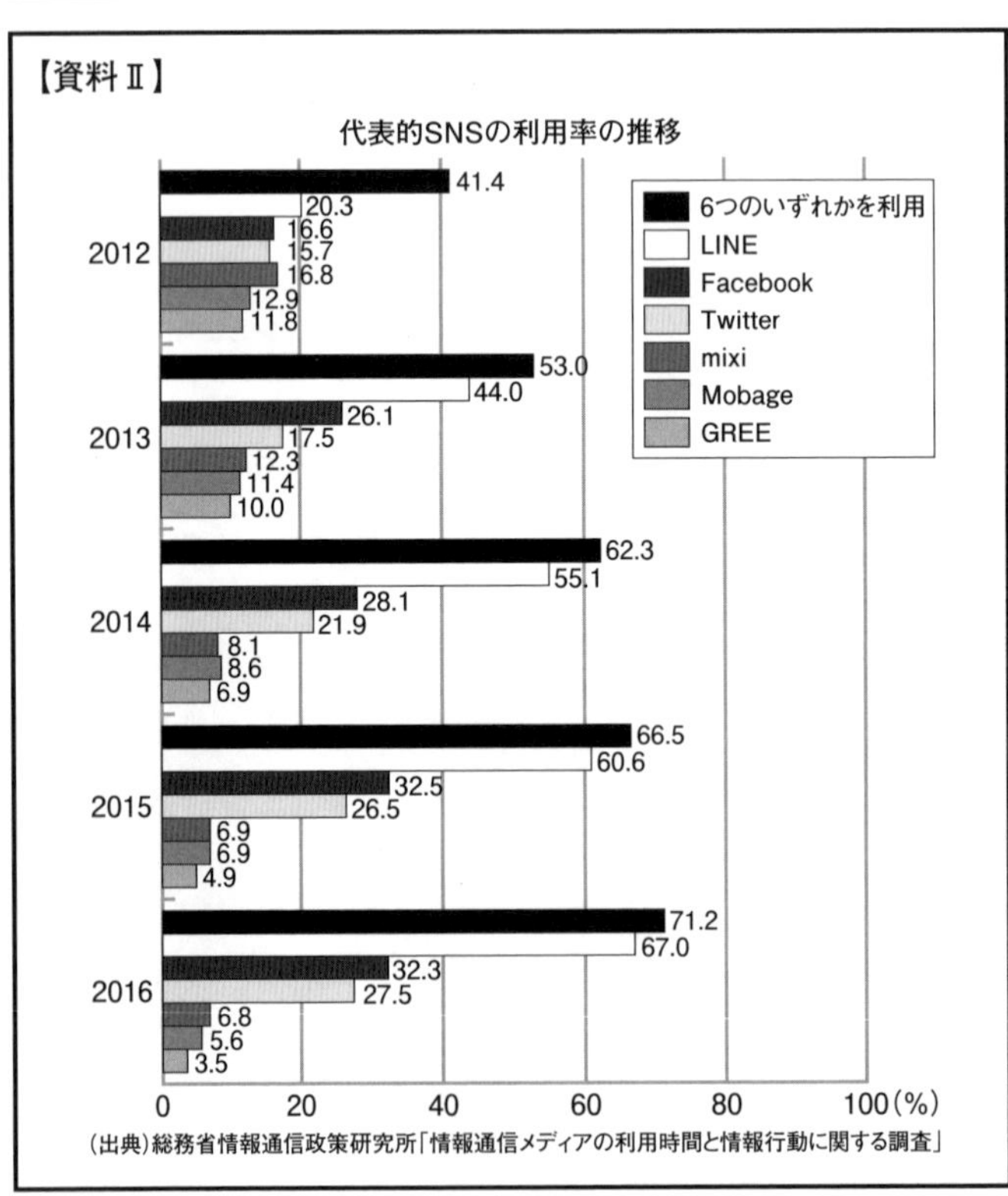

【文章】

1 ドイツの社会学者ユルゲン・ハーバーマスは、『公共性の構造転換』という著作の中で、ヨーロッパにおける「市民的公共性」の成立を論じ、「公権力の公共性の傘の下で非政治的形態の公共性が形成される。これが政治的機能をもつ公共性の前駆をなす文芸的公共性なのである」と指摘しています。「文芸的公共性」とは、一七世紀後半から一八世紀にかけて、フランスやイギリスにおいて、文芸作品等をコミュニケーションの媒体として、共にこれを享受し、議論することによって成立した「市民的な読書する公衆」を基盤とする「公共性」です。ハーバーマスは「政治的公共性は文芸的公共性の中から姿を現わしてくる」と説明しているのです。

2 ヨーロッパにおける「政治的公共性」の前駆としての「文芸的公共性」は、日本についてもそれに相当する機能を担った歴史的実体が存在したことを指摘できるでしょう。日本では、一八世紀末の寛政期以降、幕府の官学昌平黌（しょうへいこう）が幕臣のみならず、諸藩の陪審や(ア)<u>ショミン</u>にも開放されるとともに、全国の藩に採用された昌平黌出身者を中心として横断的な知識人層が形成されました。彼ら相互間に儒教のみならず、文学、医学等を含めた広い意味の学芸を媒介とする自由なコミュニケーションのネットワークが成立したのです。それは非政治的な、ある種の公共性の概念を共有するコミュニケーションのネットワークでした。それは当時「社中（しゃちゅう）」とよばれた、さまざまの地域的な知的共同体を結実させ、それら相互のコミュニケーションを発展させていったのです。

3 そのような知的共同体内部の、あるいはそれら知的共同体相互間のコミュニケーションの実態を、驚くべき綿密さをもって、主として書簡によるコミュニケーションの追跡を通じて実証的に再現したのが、森鷗外晩年の「史伝」といわれる作品群です。

4 鷗外の「史伝」には、澀江抽斎（しぶえちゅうさい）、伊澤蘭軒（いざわらんけん）、北條霞亭（ほうじょうかてい）などの個人が題名として冠されていますが、「史伝」の実質は、それら個人というよりも、それら個人によって象徴される知的共同体そのものなのです。これら学者個人に対する鷗外の評価は別として、彼らの知名度が同時代の、同一分野の学者・文人の中では必ずしも高くなかったことは、「史伝」が事実上対象としたものが何であったかを考えれば、偶然とはいえません。

5 「史伝」の核心を偉大な個人に求めようとする者は、しばしば失望します。「史伝」の読者たらんとする者の多くが味わう失望感（あるいは退屈感）がそれです。ショウペンハウエルは、著作がもたらす退屈を「客観的」と「主観的」との二種類に分け、前者を著者に原因するもの、後者を読者に原因するものと説明しています。そして「主観的退屈」は「読者がその主題に対して関心を欠くために生れて来る。しかし関心をもてないのは読者の関心に何か制限があるためである」（「著作と文体」）と言います。たとえば、和辻哲郎の『澀江抽斎』批判にはそれが表れています。『澀江抽斎』が発表された当時、キ(イ)エイの学者として才筆を振るっていた和辻は、「私は部分的にしか読まなかった」と断った上で、「私は『澀江抽斎』にあれだけの力を注いだ先生（鷗外）の意を解し兼ねる。私の臆測し得る唯一の理由は、「掘り出し物の興味」である」と断じているのです。

6 「彼の個人としての偉大さも文化の象徴としての意義も、先生のあれだけの労作に価するとは思へない」というのが、『澀江抽斎』に対する当時の和辻の評価でした。それはおそらく終生変わらなかったでしょう。しかもこうした否定的評価は、和辻に限られませんでした。当時の多くの学者・知識人ら（おそらく永井荷風のような例外を除いて、文人をも含めて）は、「史伝」の価値に疑問を持ったのです。また後年の石川淳のように、「史伝」の文学的価値を高く評価する者も、個々の作品の優劣を、題名として掲げられた個人の優劣に帰着させる傾向がありました。『澀江抽斎』と『北條霞亭』とを対比した石川は、「人がこれを何と評そうと、『霞亭』が依然として大文章だということには変りがない」と評価しながらも、霞亭個人を「俗情満満たる小人物」と断じ、「最後に霞亭という人物に邂逅したのは鷗外晩年の悲劇である。かかる悲劇がかつて『抽斎』に於て演じられなかったのは、抽斎と霞亭との人間の出来工合の差異に因る」という結論に達しています。

7 このように石川淳の場合でさえ、「史伝」の各作品の文学的価値が各作品の題名となった各個人の人格的価値（さらに学者的価値）に還元されているのです。たとえば石川は、北條霞亭と比べて、学者的価値において、はるかに優った同時代の松崎慊堂や狩谷棭斎が、鷗外の「史伝」の対象とならなかったことをガイ(ウ)タンしています。

8 ちなみにソ連赤軍諜報部のエージェントであり、ドイツのナチス党員を仮装し、駐日ドイツ大使館を拠点として活動していたリヒャルト・ゾルゲとともに、コミンテルンの要員として国家の最高機密に迫る諜報活動に従事した尾崎秀實は、獄中で差し入れられた鷗外の『北條霞亭』を愛読しました。当時の国防保安法・治安維持法違反容疑によって一九四一年一〇月一五日に逮捕されたチョ(エ)メイな中国問題ジャーナリストで、第一次近衛文麿（このえふみまろ）内閣の内閣嘱託でもあった尾崎は、第一審において一九四三年九月二九日に死刑判決を受けました。その後、差し入れを受けて獄中において読んだ書目の中に、『鷗外全集』（岩波書店、一九三七年）第八巻所収の『北條霞亭』があるのです。

9 同年一一月一七日付の夫人および長女宛の獄中からの書簡には、「北條霞亭の伝は実に楽しんで読んで居ります。これは詩や(注)尺牘（せきとく）が多くてなかなか読みでがあります。近頃思ふのですが鷗外先生はやはり大したものです。伝記作者としては古今独歩だとすら思ひます。それにしてもこの相当むつかしい文章が（すばらしい名文ではありますが）、新聞（『東京日日新聞』一九一七（大正六）年一〇月三〇日～一二月二七日、および『大阪毎日新聞』同年一〇月二九日～一二月二七日―三谷注。以下同）にレン(オ)サイされたのは大正の始めなのです。その頃の読者層の教養の高さが一面うかゞはれます」（尾崎秀實『愛情はふる星のごとく』上、青木書店、一九五三年、二一一―二一二頁）と言及されています。それだけでなく、尾崎は、一七八〇（安永九）年生まれで数え年四四歳で没した北條霞亭とおそらく同年で死を迎えることになるであろう一九〇一（明治三四）年生まれの自己自身とを重ね合わせて、次のように読後の感慨を記しています。

彼は四十四歳で妻と一人の女児を残して世を去ってをります。それは偶然の符合かも知れませんが、これを私に読ましめた人に或（ある）ひは特別の心づかひがあつたのかもしれんと思ふ程です。鷗外先生はこくめいに年を追つて書いていられるので、人の一生と運命とをいきいきと示して居ります。この人（北條霞亭）は特に傑出したといふのではなく、ごくまじめな一学徒の一生です。漸く（ようや）東都の学壇に重きをなさうとした時、さうして、新居をわづかに営んだ時、たちまちその生涯を終つてゐます。（一九四三年一一月一九日付書簡、同上、二一四頁）

10 敗戦後『北條霞亭』に言及した尾崎の獄中書簡が公表され、それを読んだ作家宇野浩二は「鷗外の小説――最高級の小説」

（『鷗外全集』岩波書店、第四巻、月報二、一九五一年七月）という一文の中で次のように書いています。「尾崎秀實といふ人が極刑に処せられて獄中にゐる時、その家族に注文した本のなかに、……『北條霞亭』があつたので、私は、正宗白鳥とその事について語り合つた時、『北條霞亭』を読むということだけで、この人は文学の観照の奥の院にはひつたといふべきですね」と、いつた事である。さうして白鳥先生も私の言葉にうなづいたことであつた」。宇野浩二は鷗外の三つの「史伝」をいずれも高く評価しながら、「しひていへば、私は、『北條霞亭』をとる」と断言しているのです。それゆえに死刑の執行を遠からぬ将来に予期していた尾崎秀實が獄中で読んだ「北條霞亭」に深く感銘を受けた事実に共感したのです。（宇野浩二の一文のコピーは政治史家今井清一氏から供与されました。）

11 たとえ各個人の人格的価値（また学者的価値）の間に優劣があろうとも、それぞれが属する知的共同体そのものの間には必ずしも優劣があるとはいえません。それらはいずれも、身分や所属を超えた「文芸的公共性」を共有する成員間の平等性の強い知的共同体でした。そこでは身分制に基づく縦の形式的コミュニケーションではなく、学芸を媒介とする横の実質的コミュニケーションが行われていたのです。

（三谷太一郎『日本の近代とは何であったか――問題史的考察』による。）

（注） 尺牘――手紙。

問1　傍線部(ア)〜(オ)に相当する漢字を含むものを、次の各群の①〜⑤のうちから、それぞれ一つずつ選べ。解答番号は 1 〜 5 。

(ア) ショミン 1
① ショセイ術を身につける
② 会社のショム課に勤める
③ 自らのショカンを述べる
④ 父のショサイで本を読む
⑤ ショハンの事情で中止する

(イ) キエイ 2
① 会社のケイエイ
② エイセイ観念
③ 祖母のイエイ
④ エイビンな感性
⑤ 部長へのエイシン

(ウ) ガイタン 3
① 名画を前にタンソクする
② タンチョウな展開に飽きる
③ フタンがあまりにも大きい
④ 全国の史跡をタンボウする
⑤ タンリョクを発揮する

(エ) チョメイ 4
① メイミャクを保つ
② 心にメイキする
③ メイアンを思い付く
④ 思想にキョウメイする
⑤ メイシンを信じる

(オ) レンサイ 5
① 借金の返済をサイソクする
② 将来にサイキを期する
③ 一国のサイショウを務める
④ チームでイサイを放つ
⑤ センザイ一遇の勝機を逃す

問2 **【文章】**中の「文芸的公共性」にまつわる説明として**誤りを含むもの**を、次の①〜⑤のうちから一つ選べ。解答番号は 6 。

① 文芸作品によって、市民たちのコミュニケーションが媒介される。
② 政治的役割をもつ公共性を生み出す母体として機能することになる。
③ ヨーロッパにおいてのみならず、日本でも重要な役割を果たした。
④ 個々人が属するそれぞれの知的共同体の間には、優劣は存在しない。
⑤ 身分制を否定した縦の実質的コミュニケーションが実践される。

問3 傍線部「失望感（あるいは退屈感）」とあるが、それはなぜ生じるのか。「ショウペンハウエル」を引用した筆者の考えに即したその説明として最も適当なものを、次の①〜⑤のうちから一つ選べ。解答番号は 7 。

① 読み手の内面に未成熟な部分があるため、作品への興味が喚起されないから。
② 著者と読者が問題意識を共有することができず、両者に対話がもたらされないから。
③ テーマに対する著者の掘り下げが不十分であるため、読者が関心を持てないから。
④ 扱われる題材が低俗なものであるために、読み手の知的好奇心が刺激されないから。
⑤ 「史伝」は歴史の専門家のみを相手とするものであり、一般の読者は疎外感を抱いたから。

問4　【文章】に言及されている人物を、以下のように表にまとめてみた。空欄Xおよび空欄Yに当てはまる内容として最も適当なものを、次の①～⑥のうちからそれぞれ一つずつ選べ。解答番号は 8 ・ 9 。

【　X　】
和辻哲郎
石川淳

↕

【　Y　】
尾崎秀實
宇野浩二
正宗白鳥

① 鷗外の「史伝」を評価しない人間
② 鷗外の「史伝」を留保付きで評価する人間
③ 人物が属する知的共同体に着目する人間
④ 作品の価値を人物の価値に還元する人間
⑤ 文芸的公共性に参与していた小説家
⑥ 政治的公共性に参与していた小説家

問5 次の【会話文】は、【文章】および【資料Ⅰ】【資料Ⅱ】を踏まえてなされたものである。これを読んで、続く問いに答えよ。解答番号は 10 ・ 11 。

中村 この【文章】は要するに、日本にも「文芸的公共性」というものがあって、森鷗外の「史伝」はそれをテーマとした作品だったということを言っているんだよね。

松島 うん、その理解で間違いはないと思う。でも、そもそも「公共性」っていうのが何を意味するのかを知らないと、まだ正確に読めたとは言えないよね。

中村 そうだね。ちょっと電子辞書で調べてみようか……。

石井 賛成。複数辞書検索、複数辞書検索……あ、倫理の用語集に、こんな解説が載っていたよ。

> 市民が公開の場において対等な立場で自由に討議した結果として成立するもの。
>
> (山川出版社『倫理用語集』による。)

松島 なるほど。要するに、市民が対等な立場で話しあって、何かしらの意見をまとめていく、ってことだね。

中村 それが、市民全員の総意ということになるわけだ。

松島 あ! ということは、【資料】における [　　] という理念を実現するために、この公共性という考え方は欠かせないものになるんじゃないかな?

石井 なるほど! 先生がこの文章に【資料】を添付した理由は、そこか!

中村 でも待って? 【資料】はもう一つあるよ? これを付け加えた意図は、いったい何なんだろう?

(i)【会話文】の空欄に当てはまる内容として最も適当なものを、次の①～④のうちから一つ選べ。解答番号は 10 。

① 国民と国民の子孫のため、再び戦争の惨禍が生じることのないようにする
② 主権は国民に存在し、選挙された国民の代表者が、その権力を行使する
③ 我が国におけるＳＮＳの利用率を、今後ますます上昇させていこう
④ 今はまだ年代別に差の見られるＳＮＳの利用率を、今後均質化していこう

(ii)【会話文】の波線部「これを付け加えた意図」の説明として最も適当なものを、次の①～④のうちから一つ選べ。解答番号は 11 。

① 国民主権という考え方が人類普遍の原理であると訴える必要があることを示すため。
② 日本国憲法前文の理念に反する一切の憲法や法令、詔勅を認めないことを示すため。
③ ＳＮＳの利用率の増加が、様々なトラブルを生み出す可能性があることを示すため。
④ かつて文学が公共性の形成において担った役割を、ＳＮＳが担う可能性を示すため。

第2問

次の詩「病い」（作者は村上昭夫(むらかみあきお)）とエッセイ「独り行く――村上昭夫〈うた〉のひかり」（筆者は高橋昭八郎(たかはししょうはちろう)）を読んで、後の問い（**問1～6**）に答えよ。なお、設問の都合でエッセイの本文の段落に[1]～[7]の番号を付している。（配点 50）

病い

病んで光よりも速いものを知った
病んで金剛石よりも固いものを知った

病んで
花よりも美しいものを知った
病んで
海よりも遠い過去を知った
病んでまた
その海よりも遠い未来を知った

病いは
金剛石よりも十倍固い金剛石なのだ
病いは
花よりも百倍も華麗な花なのだ
病いは
光よりも千倍も速い光なのだ

病いはおそらく
一千億光年以上の
一つの宇宙なのだ

独り行く――村上昭夫〈うた〉のひかり

1 最後の入院となった六七年夏、頭に手ぬぐいで鉢巻をした彼がベッドの上にすわっていた。「カッコつけてるね」と、ぼくが冷やかすと「ん、転ぶから…」転倒したときに頭を打たないように備えているのだ、と聞いたときには驚いてしまった。ベッドから落ちて頭を打つこともあるし、トイレへ行く途中に貧血をおこして突然に後方へ倒れることもあったりで大変だったらしい。足や手などにも傷を負い、血を流すときもあったという。そのような状況になっても、彼は病室内で便器を使わず、車椅子にも乗らずに一人でトイレへ行くようにしていた。看護婦やまわりの人たちがいくら説得しても、最期までそれを拒否しつづけた。

2 このような彼の、変な言い方になるが命がけの行動は単なる羞恥心とか頑固さの次元ではとらえきれない、禁欲的なまでにぎりぎりの自分と死へ対決する存在の姿を感じさせる。「誰もついて来てはいけない／ぼくはそれと対決する／誰も覗見（のぞきみ）してはいけない／ぼくは扉をあけて入ってゆく」と彼は自らの詩にうたい、「それなら一体ほんとうにたよれるものはなにか。宗教とか、物を作るとか、いろいろなものが考えられるでしょうが、私の場合ですと、やはり今までどおり、「死」、という暗く悲しく、つらい色をした、もっと強度な眼鏡をかけなおして、ふたたび耐えがたい旅に出るよりほかはない」（「死の眼鏡」を通して）と書いている。日常の意味では理解できないその(ア)一途（いちず）な行動が、ぼくには不意に村上昭夫の、それ以外のだれでもありえない人間の舞いの姿に映る。滅びではない死へと向う道を歩みながら、死という未知そのものの超高速度の舞いを、彼はそのとき、一瞬、一瞬のストップモーションを通して舞いつづけていたのではなかったか。もしかすると、それは宇宙を吹きぬける五億年の笑い、自らの存在を(イ)虚仮（こけ）にしてみせる独り行く、行かねばならぬ詩人の最大のユーモア、怒りだったとも思う。

3 この(ウ)ダイナミズムは彼の最晩年の日記に刻みつけられた、Aインクのない線の痕跡をたどるスリルにも通底している。それは、だんだん彼の眼が見えなくなっていく度合いに応じて書く文字が大きくなり、ついには万年筆にインクがなくなったともわからず書いていて、ペン先がノートに刻みつけた線だけになっているのだ。そしてそれが、二日も三日も同じページに重層化している。ほとんど見えない状態となっていた彼が、それでもなお、書こうとしつづけたものは、既成の伝達とか形とかを超えていただろう。

（略）終りに鳥のようなものが飛び／マングローブのようなものが生え／風のようなものが吹くだろう／其処(そこ)から／明るい明日が生まれるというのは嘘(うそ)／生まれるものを予告するのは嘘（略）

——「終りに」

4 「のような」としか言えない世界の光景に泡立つ沈黙の深み。そこに言葉の源泉へとたどる道が、なおひらかれているのだろうか。とうとうここまで来て、彼の言葉は解体寸前である。「終りに」につづく B彼の最後の発表作は「捨てる」となっている。

5 その捨て身な生き方を通して、現実の見えないもうひとつのドアをひらき、さまざまな生きものの形をかりて言語の謎にせまり、零度の花を咲かせつづけた村上昭夫は、さらに大きな混沌(こんとん)へと身をひそめることで、ぼくらへ存在へのなぜ、なぜ、なぜ？の問いかけを手わたしたのではないだろうか。

6 捨てる／言葉を捨てる⫽〈秋の蝶(ちょう)／死ぬべく深き空を持つ〉⫽これを最後の句として／私の城であった言葉を捨ててやる（略）

——「捨てる」

7 そのようにして彼はいま、薄明の方からやってくる。

問1 傍線部(ア)〜(ウ)の本文中における意味として最も適当なものを、次の各群の①〜⑤のうちから、それぞれ一つずつ選べ。解答番号は 12 〜 14 。

(ア) 「一途な」 12

① さもしい
② かいがいしい
③ いたずらな
④ ひたむきな
⑤ あけすけな

(イ) 「虚仮にして」 13

① ばかにして
② 虚(むな)しくして
③ 傷つけて
④ とりつくろって
⑤ うがって

(ウ) 「ダイナミズム」 14

① 上辺の虚勢
② 不動の信念
③ 根深い怨念
④ 不屈の執念
⑤ 動的な迫力

問2　詩「病い」における第1連・第2連のまとまりと第3連とを比べた場合、そこに分析される差異を踏まえた解釈として最も適当なものを、次の①～⑤のうちから一つ選べ。解答番号は **15** 。

①　対立的なイメージを用いることによって、「病い」という現象に対する認識の対照的なあり方が象徴されている。
②　「病んで」という表現を「病いは」と修正することによって、詩人の世界認識が崩壊しつつあることを暗示している。
③　ずれを含む反復的表現を用いることで、詩人の認識がより本質的なものへとたどり着いたことを示唆している。
④　「海」についての記述が第3連では削られたことで、詩人の世界認識が狭められていく様子が浮き彫りにされている。
⑤　「光」「金剛石」「花」という素材の持つそれぞれの特質が対照されることで、詩人の世界認識の豊かさが示されている。

問3　傍線部A「インクのない線の痕跡」についての説明として**誤りを含むもの**を、次の①～⑤のうちから一つ選べ。解答番号は **16** 。

①　死と対峙（たいじ）する詩人の生き方が読み取れる。
②　詩人の孤独な戦いを象徴するものである。
③　視力を失いつつある詩人の姿が彷彿（ほうふつ）とする。
④　ままならぬ「生」への諦めが感じられる。
⑤　書くということの限界を超えた記述である。

問4　詩「病い」と詩「終りに」とを比べた場合、そこに分析される内容として最も適当なものを、次の①〜⑤のうちから一つ選べ。解答番号は 17 。

① 「病い」が漸進的に主題を明らかにしていくのに比べ、「終りに」は「言葉の源泉」を直接的、かつ単刀直入に示す書き方となっている。

② 「病い」も「終りに」も詩人の凄絶な生き方を表現しているが、前者は客観的に、後者は主観的に、それを記述するという違いがある。

③ 中心的に用いる表現技法の違いはあるが、リアリズムに徹した描写であるという点では、「病い」も「終りに」も共通している。

④ 言葉が解体寸前で、そこからイメージを解釈することを一切許さない「終りに」に対し、「病い」からは豊饒(ほうじょう)な意味を読み取ることができる。

⑤ 「病い」が隠喩中心の記述であるのに対し、「終りに」は直喩が多用されており、それが「終りに」の主題を象徴する表現となっている。

問5　傍線部B「彼の最後の発表作」についての説明として最も適当なものを、次の①〜⑤のうちから一つ選べ。解答番号は 18 。

① あくなき「生」への執着を歌い上げている。
② 存在の謎について、明確な解答を提示している。
③ 言葉というものへの全幅の信頼感を回復している。
④ 詩的な表現技法をいっさい用いない叙述になっている。
⑤ 物理的な死を超克するような永遠性を獲得している。

問6　詩「病い」の第4連（最終連）の内容をエッセイと関連付けて読むとき、その解釈として最も適当なものを、次の①〜⑤のうちから一つ選べ。解答番号は 19 。

① 空想の世界を自由に行き来しながらも、詩人の行動原理は、日常という次元にこだわったものである。
② 詩人は自らの死と真摯に向き合い続けた結果、森羅万象の本質を感得したという手応えを獲得している。
③ 死への恐れを払拭し、死という出来事の意味を軽んじることによって、詩人は世界の深奥にたどり着いた。
④ 死という暗く悲しくつらい出来事から目をそらすことで、詩人の魂は宇宙の真理なるものを妄想した。
⑤ 自己の固有性を霧消させることによって、詩人の精神は万象との融合を果たすことに成功している。